翻轉學

翻轉學

# 終身受用的
# 七張圖表
# 思考法

### 3個步驟 ✕ 7種思考框架，
### 讓你開會簡報、企劃提案、解決問題無往不利

安藤芳樹——著 陳冠貴——譯

多虧了「七張圖表思考法」，我才有辦法和公司的社長階級說話。在沒有學習之前，別人應該會覺得「不知道這個人在說什麼」吧。

沒辦法把想說的話傳達給對方、不知道怎麼寫企劃書的人，請來學習「七張圖表思考法」，獲得一項商場上的武器吧！

20 多歲女性・廣告代理商（業務）

透過「七張圖表思考法」，使我們能夠系統化理解自家公司身處的狀況，並能夠確實分析優勢與劣勢。我們因此做出了其他公司沒有的差異化商品：味噌醃漬品牌（超好吃醃漬品），並可以銷售到量販店的鮮魚、鹽漬乾貨部門，這是以往辦不到的事。

我認為這個方法很不錯，讓我們的方向不再模糊，可以根據準確的背景數據來討論，也更有說服力，促成了公司現在的蓬勃發展。

40 多歲男性・食品製造商（業務部長）

因為學習了「七張圖表思考法」，讓我們提高了設計競賽和提案的說服力，並獲得許多成果。舉個例子來說，我們在總務省主辦的「公共設施開放改造配對比賽」中獲選，還獲選成為愛媛縣西予市宇和米博物館的指定管理者，開展了新的業務活動。

40 多歲男性・建築設計事務所（代表）

根據「七張圖表思考法」的作法，讓我重新反思內容，並創造出得以進一步展現獨特創意的作品。「順利說服」顧客，正是七張圖表思考法的真正價值所在。

30 多歲男性・節目企劃編劇（自由工作者）

透過七張圖表，我們可以把自己以及公司獲得的好處，歸納為以下五點：

① 整理自己的想法
② 與對方的溝通更順暢
③ 可以節省時間
④ 容易留下印象
⑤ 整理對方的想法

不管是哪一行，「圖表化」可以說已經是現今商場上不可或缺的技能了。未來成功商務人士的致勝關鍵，就是「七張圖表思考法」！

30 多歲男性・IT 企業（代表董事）

我們把公司內外的提案，以圖表為核心展開論述，制定出企劃書。聽取簡報的重要客戶給我們的評價是：容易理解，而且具有說服力。

未來我們也會繼續活用「七張圖表法」！

40 多歲男性・資材製造商（經理）

----------------------------------

當我派駐國外工作時，很難和語言不通的屬下正確的溝通。多虧「七張圖表思考法」，把上下文製成圖表後，就能加強屬下們的理解，並提高提案內容的精確度。

50 多歲男性・廣告代理商（業務經理）

----------------------------------

與顧客商談時，可以將商談的內容直接圖表化，與顧客共享課題中有所遺漏和重複的地方，提升商務談判的效率。此外因為清楚了解顧客的課題，讓簡報的勝率從三成提升到六成，隨著新業務的增加，每天都能確實感受到自己的商務技能有所提升。

30 多歲男性・傳播類（業務）

----------------------------------

我們將「七張圖表思考法」用於提高企劃書的說服力。作為開會時幫助客戶理解和說服的工具，比起使用流程圖或傳統圖表，「七張圖表思考法」更有效。當然必備的圖表仍然不可省略，但我們不再需要過去的那種圖示，或是不自然的流程圖和傳統圖表，也大大提高了企劃書傳遞資訊的效率和生產效率。

50 多歲男性・資訊顧問公司（經理）

----------------------------------

多虧了圖表化，我們可以立刻把關鍵要點傳達給所有利害關係人，輸出的品質有顯著的提升！

「本來想要好好地事先商量一番，但是團隊成員並未完全明白主題是什麼……」「雖然事先商量過了，但是成員之間有很多意見、難以統一，覺得很失落……」我很推薦常常發生以上這種狀況的業務、製作人、總監等職業人使用這個方法。

30 多歲男性・廣告代理商（業務經理）

--------------------------------

我在訓練「圖表化」的過程中，很自然就養成了思考「最想傳達什麼」的習慣。我認為這種經驗不僅可以用在和人溝通的時候，在工作中也能活用於各種情境，例如我們要「設定目標」或「解決課題」的時候。

希望各位務必要透過安藤先生的「七張圖表思考法」，親身體驗自身「改變的瞬間」。

20 多歲女性・廣告代理商（辦公人員）

# 前　言

「某人」要提議「某件事」。

不管哪種行業、哪種職業，上班族總會遇到幾次這樣的機會。

這種時候，若有一份好的企劃書或提案書就幫了大忙。很多人應該都親身體會過吧，這些資料的成功與否，對結果有很大的影響。

此外，有時候也可能遇到需要用企劃或提案一決勝負的情況，在這種情況下，如果無法利用企劃或提案把自己的意圖正確傳達給對方，很有可能就無法繼續前進。

而現在，因為新冠疫情導致無法跟人面對面開會，在線上交流漸漸成為主流，所謂「資料」的重要性可說是越來越高了。

那麼，「能讓對方說 YES 的資料」到底具備怎樣的條件呢？

・ 有大量的視覺素材，例如照片

・ 將數值視覺化，製成圖表之類

・ 聚焦重點，並有影響效果

・ 簡潔

上述這些的確很重要。可是，我認為一份優秀的企劃書，歸根究底可以歸納成一句話：

**「傳達本意。」**

也就是說，製作資料的關鍵就是「確切地傳達想說的事」。

例如，就算把資料做得再美、再簡潔，如果傳達了和意圖不同的訊息，是沒有任何意義的。而「確切傳達想表達之事的資料」，主角既不是照片或數字，也不是圖表，而是「文字」。

畢竟，在邏輯上說服對方的最有效方法還是文字（文章）。或許在過程中，也有人會因為圖像或情感因素而做出判斷，但由這種判斷得來的「YES」，也有再次因為圖像或情感而轉為「No」的風險。

從這層意義上來說，代表只有在邏輯上說服對方之後，引導出的「YES」才是真正重要的。

雖說如此，如果光是把想說的話用文字排列出來，絕對無法傳達你的本意。

能說服對方的文章，無一例外都是有「邏輯」的。所謂的有邏輯，就是擁有「邏輯的架構」，例如「結論是什麼，而導致的原因是什麼」。

可是，儘管是合乎邏輯的文章，也未必能讓對方信服。

**A**

「White paper」一般是指政府或公家單位的「年度報告書」，亦即「○○白皮書」的意思，但用在「行銷」時的含義不同。用在「行銷用語」時，指的是把「產品／服務」的「功能說明／市場分析」「製成書面文件」。

**B**

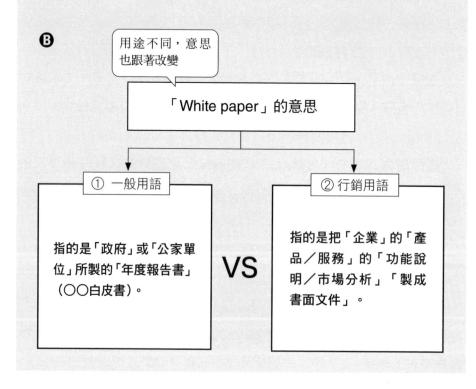

用途不同，意思也跟著改變

「White paper」的意思

① 一般用語

指的是「政府」或「公家單位」所製的「年度報告書」（○○白皮書）。

**VS**

② 行銷用語

指的是把「企業」的「產品／服務」的「功能說明／市場分析」「製成書面文件」。

請見左頁兩種資料（資料內容來自參考網路上的文章製作而成），乍看之下，哪一個比較容易理解呢？

　　以**邏輯**上來說，不管 Ⓐ 或 Ⓑ 都是及格的。儘管如此，乍看的瞬間，很明顯是 Ⓑ 比較容易理解。

　　那麼兩者的差異是什麼呢？

　　就是**是否容易看出「邏輯的架構」**。

　　如果我們要理解 Ⓐ 資料的邏輯架構，就非得仔細閱讀文章不可，這就是感覺「難以理解」的主要原因；相反的，Ⓑ 的文章經過「圖表化」重製後，讓「邏輯的架構」視覺化了。正因如此，讓人感覺更加淺顯易懂。


　　我過去曾在大型廣告代理商工作過，在某次的研討會中學到，只要把數值的意義圖表化，就能讓別人一目瞭然。我個人親身體驗過圖表化的效果之後，忽然想到：「既然如此，把文章也圖表化，這樣也能更好懂了吧。」

　　於是我以商業書為對象，嘗試研究並歸納，將大約兩百五至三百頁左右的文章結構重新整理，並使用自己發明的獨特方法，減量至大約一百張圖表。後來我把做好的「歸納表」給相熟的忙碌商務人士試用，獲得了許多好評，紛紛表示這些圖表讓他們得以在短時間內，獲得了大量商業書的精華。

他們的回饋讓我很滿意，之後又以歸納的名義拼命去做「商業書圖表化」，不知不覺我挑戰的商業書已經多達一百本，歸納出的圖表數量也超過了一萬張以上。

他們的回饋讓我很滿意，之後又以歸納的名義拼命地研究「商業書圖表化」，不知不覺我挑戰的商業書已經多達一百本，歸納的圖表數也超過了一萬張以上。

在這個過程中，我發現無論什麼文章，「邏輯的架構」的模式都是有限的。

——具體來說，模式總共只有七種（更嚴格來說是五種）。

我發現只要組合這七種圖表，無論多厚的商業書，都能把精華轉換為短時間內理解的形式，更有效率地應用。

因此反過來說，只要能夠掌握這七種「邏輯的架構」如何圖表化展示的訣竅，我們就能把任何自己想傳達的事，以淺顯易懂的方式傳達給對方了。

有了這個想法後，我就開始根據不同用途創造出七種圖表，也就是本書的主題「**七圖**」。有一次，在和重要客戶的開完會後，我立刻統整會議內容，大膽嘗試用圖表將會議記錄回饋給對方，得到了對方的盛讚：「你把模糊的想法用文字表達出來了！」而這也成為我贏得高度信任的契機。

從此以後，「七圖」就是我擔任行銷顧問的本業，不可或缺的一項利器。

在撰寫開發新業務的企劃書時，七圖當然派得上用場，還有製作會議紀錄（及行動方案）、開會後整理和部下腦力激盪的內容，以及為新進員工編寫培訓資料時，只要有了七圖，就能把所需的一切毫無遺漏且有效地視覺化。以結果來說，七圖讓企劃更容易通過，並使會議或開會、腦力激盪的結果，或是培訓的內容更容易付諸行動。

換句話說，這代表能夠有效傳達訊息。

此外，在推敲部下寫的企劃書，或是指導不擅長演講的人時，也可以活用七圖。每個人在接受過七圖的指導後，都很開心地回報說：「可以確切表達想說的話了」。

「七圖」是非常簡單的架構，只要透過拆解文章和嵌入文字，任何人都能輕易把「邏輯的架構」視覺化。

不知道要怎麼寫企劃書的人、不能順暢傳達自己想表達什麼的人、希望工作更有效率的人……等等，我會充滿自信地向所有上班族推薦這個方法。

如果讀者能夠充分發揮「七張圖表思考法」，準確傳達本意的訣竅、提升製作資料或工作的效率、強化溝通能力，那是我身為開發者最開心的事了。

那麼，讓我們快點開始吧。


安藤芳樹

# Contents

chapter **1** **七張圖表的基礎**
終生受用的簡單思考法

chapter **2** **練習轉換七張圖表**
在腦內安裝圖表轉換器吧！

# 把「七張圖表思考法」七圖化！

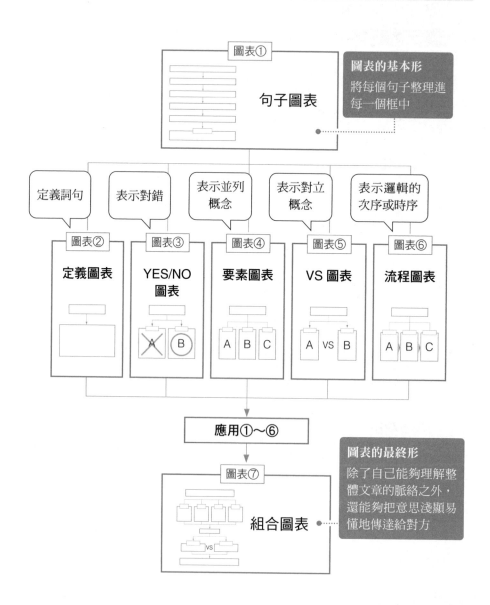

圖表①

句子圖表

**圖表的基本形**
將每個句子整理進
每一個框中

定義詞句

表示對錯

表示並列
概念

表示對立
概念

表示邏輯的
次序或時序

圖表②
**定義圖表**

圖表③
**YES/NO
圖表**
Ⓧ Ⓑ

圖表④
**要素圖表**
A B C

圖表⑤
**VS 圖表**
A VS B

圖表⑥
**流程圖表**
A B C

應用①～⑥

圖表⑦
**組合圖表**

**圖表的最終形**
除了自己能夠理解整
體文章的脈絡之外，
還能夠把意思淺顯易
懂地傳達給對方

chapter
1

# 七張圖表
# 的基礎

## 終生受用的簡單思考法

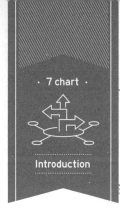

· 7 chart ·

Introduction

# 為什麼「七圖」很有效？

　　在商業世界中，工作需要的是**邏輯**而非情感，因此我們利用各種框架來闡明**邏輯**的架構。

　　其中以下三種廣為人知：

● 邏輯樹

　　用來查明問題原因和解決課題的架構。把相關的因素分解成樹狀，再層層往下推衍。

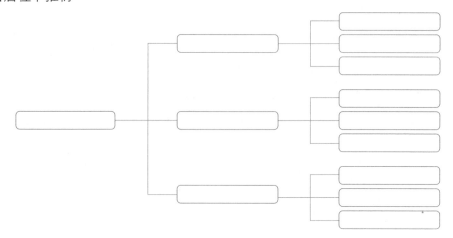

## ● SWOT 分析

「Strength ＝ 優勢、Weakness ＝ 弱點、Opportunity ＝ 機會、Threat ＝威脅」，此架構的名稱來自這四個詞彙首字字母的縮寫。以上述四種觀點進行競爭和環境的因素分析。

| | 正面影響 | 負面影響 |
|---|---|---|
| 內部環境 | S<br>Strength ／優勢 | W<br>Weakness ／弱點 |
| 外部環境 | O<br>Opportunity ／機會 | T<br>Threat ／威脅 |

## ● 3C 分析

「Company ＝公司、Competitor ＝競爭對手、Customer ＝市場；顧客」，此架構的名稱來自這三個詞彙首字字母的縮寫。以上述三種觀點掌握、分析商業市場。

**公司（Company）**
・公司的優勢／弱點
・公司在市場上的定位
・公司的資源

**競爭對手（Competitor）**
・競爭對手的市場占有率
・競爭對手公司的優勢／弱點
・競爭對手的資源

**市場；顧客（Customer）**
・市場環境
・顧客層
・顧客的購買行為
・顧客需求

我想你應該曾經在某處看過這些方法，然而實際上能夠巧妙活用這些架構的人並不多。

這是為什麼呢？

讓我們試著用邏輯樹的架構為例，來想想看吧。

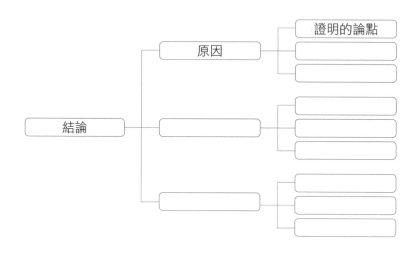

邏輯樹的用法很簡單。首先在「結論」的欄位裡，填入最想傳達給對方的事。接著，只要在「原因」的欄位寫上為什麼會得到這個結論，然後根據需求再把證明此原因的論點填入下一個欄位。

這樣就完成了！

……這樣做真的很簡單嗎？

「就是這麼簡單！」有自信這麼說的人，顯然是腦袋裡已經有完整「邏輯的架構」的人，他們對於什麼是「結論」、什麼是「原因」、什

麼是「證明」，都已經一清二楚了。這種人並非透過填進邏輯樹的架構，引導出邏輯思考，他們只是將腦袋中的「邏輯架構」視覺化而已。

SWOT 分析和 3C 分析的架構也一樣，能夠輕鬆填寫這些架構，就是已經確實掌握「邏輯架構」的最佳證明。

也就是說，我們可以把「邏輯樹、SWOT 分析、3C 分析」這些架構想成是工具，用來「把腦中組織好的邏輯架構，以更符合目標、易於理解的形式輸出」。

但是實際上有很多人，就算把這些架構放在他們面前，也毫無頭緒要怎麼填寫才好，為此傷透腦筋。

這無非是因為他們腦中還是一片混亂，「邏輯的架構」還沒有整理好，或者也可能表示，他們的思考還沒有建立起邏輯的架構。

這樣的人需要的，並不是用來輸出的工具，而是在輸出以前，**整理思想，並用邏輯架構表達本意，也就是「幫忙在腦中建立邏輯」的架構。**

為此應運而生的，就是我設計的「七圖」。


即使你不擅長寫文章也沒問題，只要有隨手寫下的文章就夠了。只要把一時想到寫下的文章製成七種圖表，就能讓邏輯的架構視覺化，把你的想法在令人驚訝的短短時間內，整理得整潔通順。

當然，這麼做也具備把談論的主題清楚傳達給第三方的效果，因此也能直接應用當作輸出的工具。

此外，只要能夠使用「七張圖表思考法」建立起邏輯的架構，也可以從「SWOT 分析、3C 分析、邏輯樹」當中選用適合的工具，因應各

種不同狀況輸出。

　　總而言之，如何輸出畢竟只是最終的形式，輸出的基礎還是以整理思想為主的「邏輯的組織化」。唯有辦到這點，才能算是站在輸出的起跑線上。

　　若能對七圖運用自如，「邏輯的組織化」也就輕而易舉了。只不過，要做到這點需要簡單的訓練。

　　本書將從第二章開始說明實際的方法，在此之前，請容我先說明組成「七張圖表思考法」的七張圖表，以及各種圖表的大概特徵吧。

# 七張圖表的用途

## ❶ 句子圖表

這種圖表是七圖的起點。

雖然它的定位是「前置準備圖表」，並由此衍生形成七圖支柱的五種圖表，但它不僅是邏輯組織化的立足點，也有連結不同圖表的作用。

此外，比起長篇大論，光是轉換成句子圖表，就能讓重點變得明顯、更容易理解，因此在很難轉換成其他圖表的時候，或是沒有時間轉換的時候，都可以直接使用這個圖表。

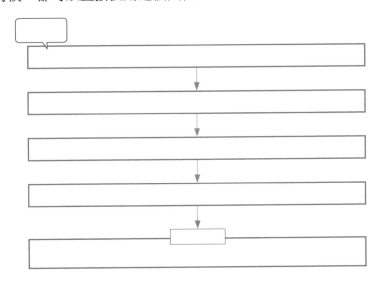

## ❷ 定義圖表

　　顧名思義，是用來明確定義詞彙的圖表。

　　所謂的「定義」，就是用來讓眾人達成共識的一種手段，令人訝異的是，在很多情況下，大眾對詞彙的理解因人而異，如果不統一的話，絕對無法傳達自己的本意。

　　此外，如果自己本來就對意思有所誤解，或是帶著模糊的理解，往錯誤的方向整理想法是有風險的。為了防止這類情況發生，我希望大家應用的就是這張「定義圖表」。

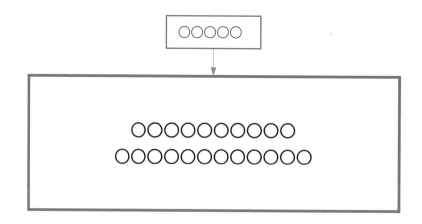

# ❸ YES ／ NO 圖表

用來明確區別正確（想肯定的事）和錯誤（想否定的事）的圖表。

清楚表達錯誤的事，是聚焦正確之處的方法之一。因此，這種圖表在想要強調優點的時候非常有效。

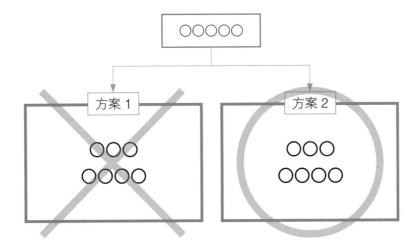

# ❹ 要素圖表

　　這是用來整理並列要素的圖表，在想要毫無遺漏、徹底找出所有要素或想法時很有用。

　　下列的範例是將三種要素並列，實際使用時並無數量限制。不過，七圖的特徵之一就是要一目瞭然，因此大概並列五種（最多七種）較為適當。

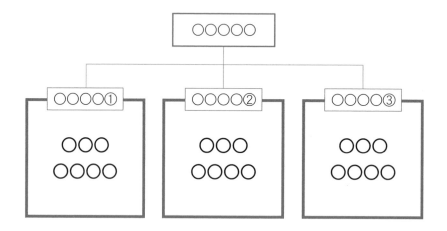

## ❺ VS 圖表

用於比較討論的圖表。

前面介紹過的「YES ／ NO 圖表」，是用來肯定某一方的手段，而採取否定他方的形式，而「VS 圖表」則是平等比較雙方的條件，或是呈現對立的概念。

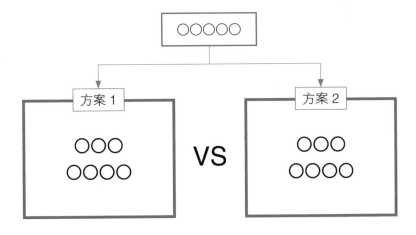

## ❻ 流程圖表

這是表示時序或邏輯次序的圖表。

整理腦中想法，將有因果關係的項目填進框中，就可以看見根本的原因，還可以預測結果，或是找到解決辦法等等。

下列的範例是三個項目，實際使用時並無固定的數量限制。不過，和要素圖表一樣，大概列出五種（最多七種）較為適當。

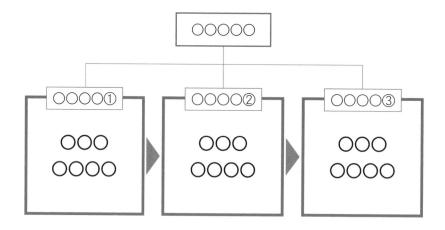

# ❼ 組合圖表

　　根據需求組合以上的圖表後，全面整理所有的想法。七圖的最終形
式就是「組合圖表」。

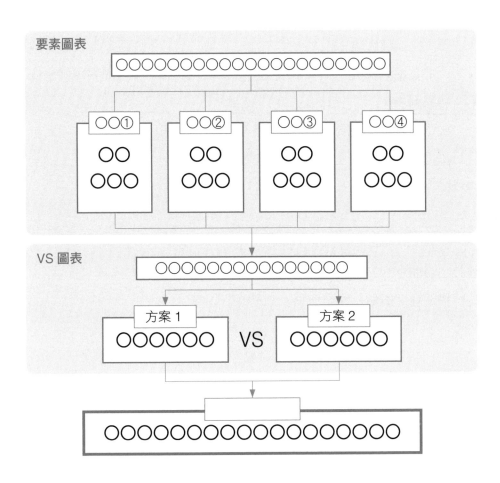

　　上圖是組合了「要素圖表」和「VS 圖表」而成。

組合並沒有固定的模式。請把你想表達的事情，製成最能準確傳達的組合圖表吧。

以上就是每一種圖表的特徵和用途。


看到這裡你已經明白了吧。

雖說是七種圖表，但其實是五種。「句子圖表」是用來轉換成其他圖表的前置準備圖表（或者是用來連結圖表），而「組合圖表」則是能組合各種圖表。

只要能夠熟練掌握這五種圖表，「邏輯的組織化」就是輕而易舉的事了。如此一來，將能夠更容易完成「傳達你的本意，並且讓對方說 YES」的資料。


在開始說明每一種圖表的製作方法之前，我在下一頁統整了製作七圖時必須注意的三個重點。

請留意這幾點，製作出屬於自己的七圖吧。

# 製作「七圖」的基本原則

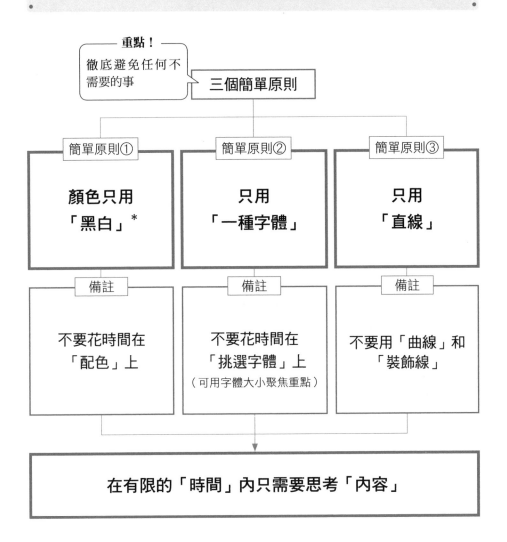

重點！
徹底避免任何不需要的事

三個簡單原則

簡單原則①
顏色只用「黑白」*

簡單原則②
只用「一種字體」

簡單原則③
只用「直線」

備註
不要花時間在「配色」上

備註
不要花時間在「挑選字體」上
（可用字體大小聚焦重點）

備註
不要用「曲線」和「裝飾線」

在有限的「時間」內只需要思考「內容」

\* 本書以兩種顏色表示，是為了明確區分和本文的差異，並為了讓框內的文字容易閱讀。

# 使用「七圖」的時機 ①

第一章已經概述了七圖是什麼，我也會在工作的各種場合使用這些圖表。

那麼，請容我稍微介紹，實際上該如何使用（製作）圖表。

● 撰寫開發新業務的企劃書

> 先把腦力激盪提出的點子筆記下來，再把內容一一分解成要素，接著再把所有的要素以「七圖」表示。

> 主要使用的圖表是定義圖表、YES／NO 圖表、要素圖表、流程圖表。

> 製作時，每張表只傳達一項訊息。

> 在完成階段按照合乎邏輯的方式排序頁面。

> 使用結論的第一頁當作摘要。

※ 請視簡報的對象進行適當的微調。

● 撰寫定期會議的會議紀錄

> 決定好重大方針後，就改編為「定義圖表」，先大致快速地記述下來，當作方針圖表。

> 如果有其他不同提案，可以追加「YES／NO 圖表」，呈現對其他提案的否定意見。

> 利用「流程圖表」視覺化，告訴大家以怎樣的順序執行提案，統一發布給所有人，避免誤解。

> 為了能夠納入行動計畫，把定案製作成聚焦重點的圖表，以「要素圖表」確實化成文字。

> 在配合時程表回饋意見或進度管理時，也要建立起一套系統，能夠當場決定，避免「一直開會」。

關於日常使用七圖時的圖表量怎麼訂立，將在本書的 171 頁另敘。

chapter
2 練習轉換
七張圖表

在腦內安裝圖表轉換器吧！

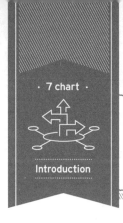

# 把邏輯架構「視覺化」的訓練法

　　我想，各位讀者已經在第一章掌握了七圖的概要，接下來就讓我們立刻來使用七圖，練習把邏輯組織化吧。

　　雖說如此，我們很難突然在自己的腦中組織思考的邏輯，因此首先就從「使用七圖來歸納指定的文章架構」開始吧。

　　為什麼要做這樣的練習呢？

　　如右頁圖所示，這是因為在製作「讓對方說 YES」的資料過程中，使用七圖把「邏輯的架構」視覺化的工作，就和歸納文章時所採取的步驟是相同的。

　　話說回來，我會想出七圖這個方法，本來就是多虧了「反覆地歸納商業書」這個做法，所以這算是很合理的練習。

　　此外，邏輯清晰的商業書，也是很適合訓練的材料。

## ● 視覺化邏輯的架構和歸納文章相同

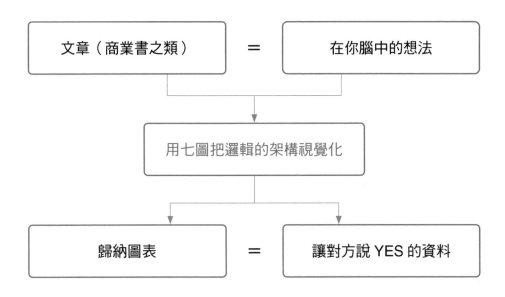

文章（商業書之類） ＝ 在你腦中的想法

用七圖把邏輯的架構視覺化

歸納圖表 ＝ 讓對方說 YES 的資料

　　那麼接下來，讓我們一邊使用七圖整理文章的邏輯架構，一邊進行視覺化的訓練。

　　下一頁刊載的範例，通用於本章的所有練習。廢話不多說，馬上開始吧！

註：從本章開始，在內文或練習題中所有未標示來源的文章，都是我參考網路文章或書籍、新聞撰寫而成。

「行銷？雖然我有興趣，但總覺得很難……」

應該有很多人有這種想法吧？

話說，到底什麼是行銷？

是分析數字或圖表的工作？（總覺得很困難……）

負責商品的宣傳或促銷活動，給人光鮮亮麗印象的部門？

主要工作是打電話或發 DM 吸引客人？

「嗯，我不太明白，這和業務有什麼不一樣？」

行銷就像這樣，很容易給人零碎又抽象的印象。當然，無論哪一種說明都算是行銷的一部分，雖然不能算錯，但是單一種說明都不夠充分。

「行銷只要負責促銷活動和業務的人懂就好了吧？這和我的工作無關啊。」可能也有人會這麼發牢騷。

但是，這樣想就大錯特錯了！

「行銷」是所有「商務人士」都應該了解的「知識」。一言以蔽之，行銷就是用來提高公司的銷售額、利潤的「機制」。

如果在企劃部門，就是因應時代或顧客的變化，創造出創新的「新產品」；如果在開發部門，那就是從行銷的角度重新審視參與開發的新商品，提出改良的方案；如果在物流部門，或許就是深入思考「物流

（logistics）」層面，想出更「有效率」的「商品」「物流系統」；如果在銷售部門，指的是想出能夠提高銷售額，為公司帶來利潤的創意並執行；如果在服務部門，則可以為「售後服務」或「維護」思考一套新「系統」，用來提高「購買顧客」的滿意度。

如上所述，不管自己負責的工作是業務也好，商品開發也好，商品管理也好，全都和行銷息息相關。只要每個人都有這樣的思維模式，「公司」的銷售額就能蒸蒸日上，或許連你的薪水也會跟著水漲船高！

行銷的最終目標，就是消除「selling（促銷活動）」，也可以說是「打造能夠任意售出的系統」。促銷的目標，就是開發、實施各種促銷方法，也可以說是一種持續「努力銷售」的形式。如上所述，行銷和促銷是似而不同的！


總之，無論你是想努力提高業務業績，還是初學行銷，或是已經累積了一些經驗，「基礎（也就是事物的本質）」總是能派上用場的。在這過程中，有著能使你在競爭者中脫穎而出的關鍵。

因此，如果你認為該是時候認真做生意了，請試著認真學一下行銷。來，讓我們認真開始吧。

（引用並改寫自《來學行銷吧！》（マーケティングを学べ！），丸山正博著，Discover 21 出版）

# 句子圖表

首先是七圖的起跑線「句子圖表」的訓練。

我們會用「句子圖表」整理原始的稿子，這是轉換成其他圖表前的前置作業。

**把字體轉換為黑體**

現在應該幾乎沒有人會手寫企劃書了，所以接下來我會以使用電腦打字為前提說明。

一開始應該做的，就是把字體轉換成「黑體」。

明體是前述範例文用的那種字體，以楷書為基底。你現在閱讀的文字也一樣是明體。

雖然這可能是我個人的感覺，但在我自己的印象中，無關好壞，明體容易喚起「人的情緒」。如果要閱讀小說之類的書，用明體比較能打動人心；但要邏輯思考的時候，「情緒」反而就是阻礙了。因此，當我們謀求邏輯的組織化時，會建議把字體轉換成沒有任何文字裝飾的「黑體」。

把範例文轉換成黑體後，就如下頁所示。

## 轉換成黑體的範例文

「行銷？雖然我有興趣，但總覺得很難……」

應該有很多人有這種想法吧？

話説，到底什麼是行銷？

是分析數字或圖表的工作？（總覺得很困難……）

負責商品的宣傳或促銷活動，給人光鮮亮麗印象的部門？

主要工作是打電話或發 DM 吸引客人？

「嗯，我不太明白，這和業務有什麼不一樣？」

行銷就是像這樣，很容易給人零碎又抽象的印象。當然，無論哪一種説明都算是行銷的一部分，雖然不能算錯，但是單一種説明都不夠充分。

「行銷只要負責促銷活動和業務的人懂就好了吧？這和我的工作無關啊。」可能也有人會這麼發牢騷。

但是，這樣想就大錯特錯了！

「行銷」是所有「商務人士」都應該了解的「知識」。一言以蔽之，行銷就是用來提高公司的銷售額、利潤的「機制」。

如果在企劃部門，就是因應時代或顧客的變化，創造出創新的「新產品」；如果在開發部門，那就是從行銷的角度重新審視參與開發的新商品，提出改良的方案；如果在物流部門，或許就是深入

思考「物流（logistics）」層面，想出更「有效率」的「商品」「物流系統」；如果在銷售部門，指的是想出能夠提高銷售額，為公司帶來利潤的創意並執行；如果在服務部門，則可以為「售後服務」或「維護」思考一套新「系統」，用來提高「購買顧客」的滿意度。

如上所述，不管自己負責的工作是業務也好，商品開發也好，商品管理也好，全都和行銷息息相關。只要每個人都有這樣的思維模式，「公司」的銷售額就能蒸蒸日上，或許連你的薪水也會跟著水漲船高！

行銷的最終目標，就是消除「selling（促銷活動）」，也可以說是「打造能夠任意售出的系統」。促銷的目標，就是開發、實施各種促銷方法，也可以說是一種持續「努力銷售」的形式。如上所述，行銷和促銷是似而不同的！

總之，無論你是想努力提高業務業績，還是初學行銷，或是已經累積了一些經驗，「基礎（也就是事物的本質）」總是能派上用場的。在這過程中，有著能使你在競爭者中脫穎而出的關鍵。

因此，如果你認為該是時候認真做生意了，請試著認真學一下行銷。來，讓我們認真開始吧。

把句子拆開，在句子圖表的每一個框中填進一個句子。此時你可以憑直覺，把你覺得重要或應該是重點的詞彙加上引號。（原本文章就已經有引號的地方，請直接保留）。

此外，可以把連接詞，例如「但是」、「而且」、「可是」、「相對於此」、「另一方面」、「然而」、「不如」、「雖然」等等，從文章中分離出來，在欄框的左側以對話框標記。

「如果～」、「～是什麼？」之類的問題，也可以在左側製作一個對話框填入。

還有，可以在框的正中央畫一個小格子，填入文章敘述中歸納類的短語，例如「因此」、「如同上述」、「總之」、「簡而言之」、「所以」、「為此」、「結果」、「因而」、「據此」、「也就是說」、「因為」、「換句話說」等等。

那麼，讓我們用範例文來試試看吧。

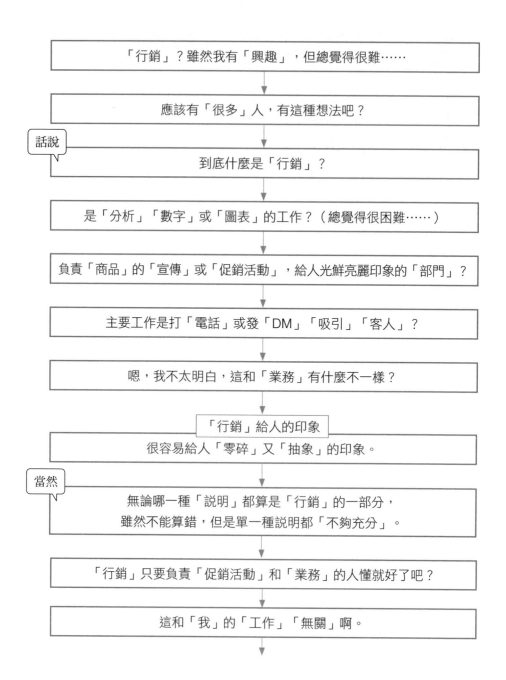

「行銷」？雖然我有「興趣」，但總覺得很難……

應該有「很多」人，有這種想法吧？

話說

到底什麼是「行銷」？

是「分析」「數字」或「圖表」的工作？（總覺得很困難……）

負責「商品」的「宣傳」或「促銷活動」，給人光鮮亮麗印象的「部門」？

主要工作是打「電話」或發「DM」「吸引」「客人」？

嗯，我不太明白，這和「業務」有什麼不一樣？

「行銷」給人的印象

很容易給人「零碎」又「抽象」的印象。

當然

無論哪一種「說明」都算是「行銷」的一部分，
雖然不能算錯，但是單一種說明都「不夠充分」。

「行銷」只要負責「促銷活動」和「業務」的人懂就好了吧？

這和「我」的「工作」「無關」啊。

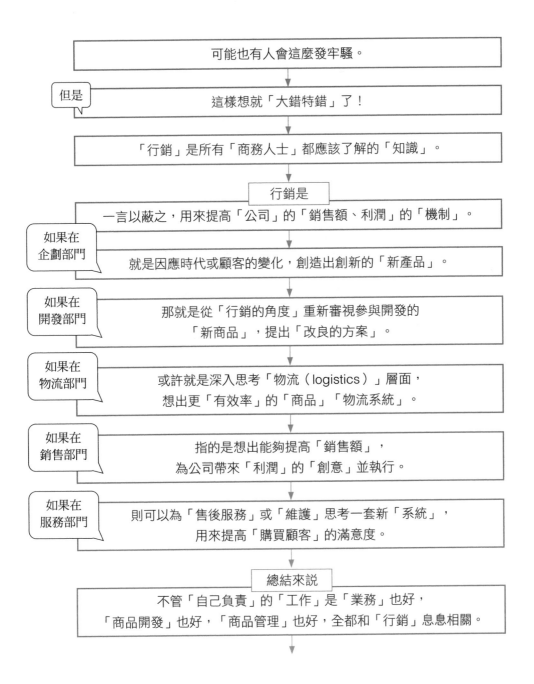

可能也有人會這麼發牢騷。

但是

這樣想就「大錯特錯」了！

「行銷」是所有「商務人士」都應該了解的「知識」。

行銷是

一言以蔽之，用來提高「公司」的「銷售額、利潤」的「機制」。

如果在
企劃部門

就是因應時代或顧客的變化，創造出創新的「新產品」。

如果在
開發部門

那就是從「行銷的角度」重新審視參與開發的
「新商品」，提出「改良的方案」。

如果在
物流部門

或許就是深入思考「物流（logistics）」層面，
想出更「有效率」的「商品」「物流系統」。

如果在
銷售部門

指的是想出能夠提高「銷售額」，
為公司帶來「利潤」的「創意」並執行。

如果在
服務部門

則可以為「售後服務」或「維護」思考一套新「系統」，
用來提高「購買顧客」的滿意度。

總結來說

不管「自己負責」的「工作」是「業務」也好，
「商品開發」也好，「商品管理」也好，全都和「行銷」息息相關。

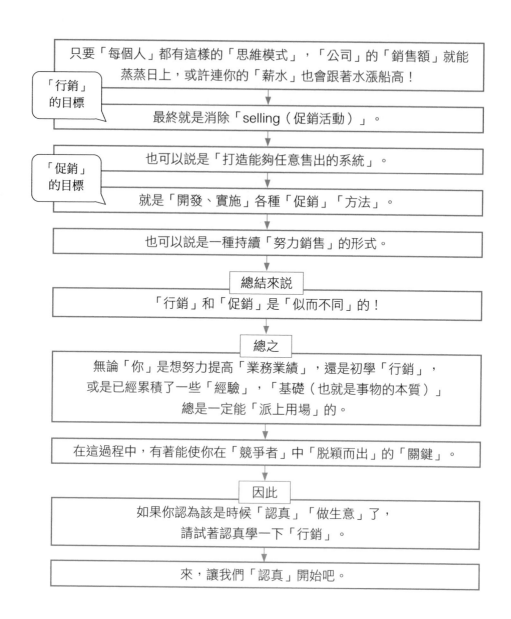

只要「每個人」都有這樣的「思維模式」，「公司」的「銷售額」就能
蒸蒸日上，或許連你的「薪水」也會跟著水漲船高！

「行銷」
的目標

最終就是消除「selling（促銷活動）」。

「促銷」
的目標

也可以說是「打造能夠任意售出的系統」。

就是「開發、實施」各種「促銷」「方法」。

也可以說是一種持續「努力銷售」的形式。

總結來說

「行銷」和「促銷」是「似而不同」的！

總之

無論「你」是想努力提高「業務業績」，還是初學「行銷」，
或是已經累積了一些「經驗」，「基礎（也就是事物的本質）」
總是一定能「派上用場」的。

在這過程中，有著能使你在「競爭者」中「脫穎而出」的「關鍵」。

因此

如果你認為該是時候「認真」「做生意」了，
請試著認真學一下「行銷」。

來，讓我們「認真」開始吧。

## 3 分析每個框之間的關係，並思考適用的圖表

　　把整串文章整理成一句一句的句子，可以更容易看出文章的架構，我們可以把填進小格子的連接詞和提問的句子當作提示，並用以下的觀點來看完成的句子圖表。

- 有沒有什麼地方明確定義詞彙？
- 有沒有什麼地方要區分正確和錯誤（的事物）？
- 有沒有並列的要素？
- 有沒有比較或對立的要素？
- 有沒有談到時序或邏輯次序的部分？

　　看出每個框之間的關係後，讓我們嘗試思考可以用哪張圖表吧。請參考統整在下一頁的圖表。

　　要選用哪張圖表，可能需要憑感覺判斷，一開始或許會覺得很難。不過，只要透過反覆訓練就一定學得會，請以各種商業書為材料，努力嘗試練習吧。

希望「定義」的詞彙

定義的內容

要明確定義詞彙
⩗
定義圖表

- - - - - - - - - - - - - - - - - - - - - - - - - - - -

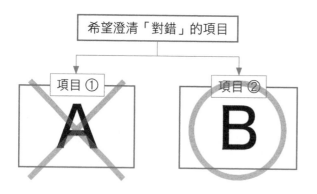

要區分正確和錯誤
（的事物）
⩗
YES／NO 圖表

- - - - - - - - - - - - - - - - - - - - - - - - - - - -

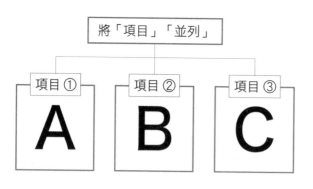

要並列事項
⩗
要素圖表

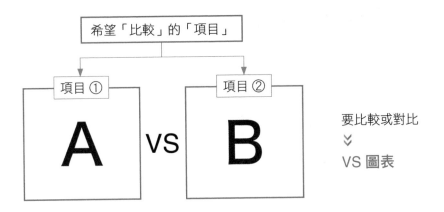

要比較或對比
≫
VS 圖表

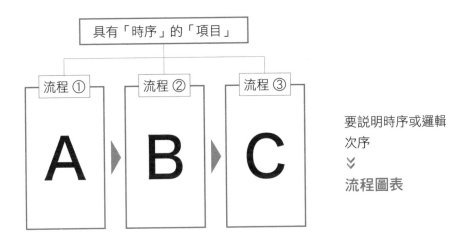

要說明時序或邏輯
次序
≫
**流程圖表**

那麼，讓我們用範例文來試試看吧。

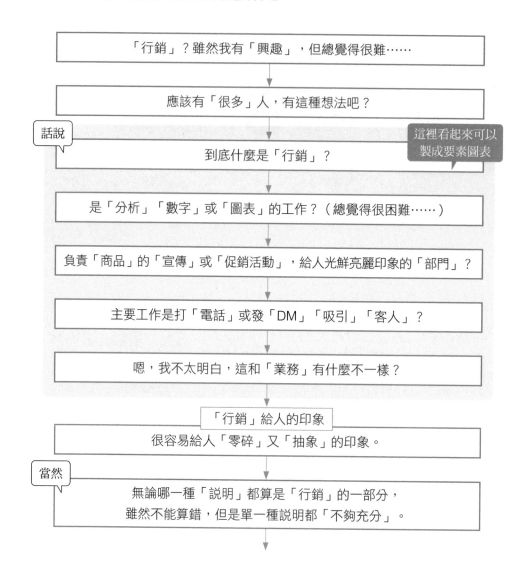

「行銷」？雖然我有「興趣」，但總覺得很難⋯⋯

應該有「很多」人，有這種想法吧？

話說

到底什麼是「行銷」？

這裡看起來可以製成要素圖表

是「分析」「數字」或「圖表」的工作？（總覺得很困難⋯⋯）

負責「商品」的「宣傳」或「促銷活動」，給人光鮮亮麗印象的「部門」？

主要工作是打「電話」或發「DM」「吸引」「客人」？

嗯，我不太明白，這和「業務」有什麼不一樣？

「行銷」給人的印象

很容易給人「零碎」又「抽象」的印象。

當然

無論哪一種「說明」都算是「行銷」的一部分，
雖然不能算錯，但是單一種說明都「不夠充分」。

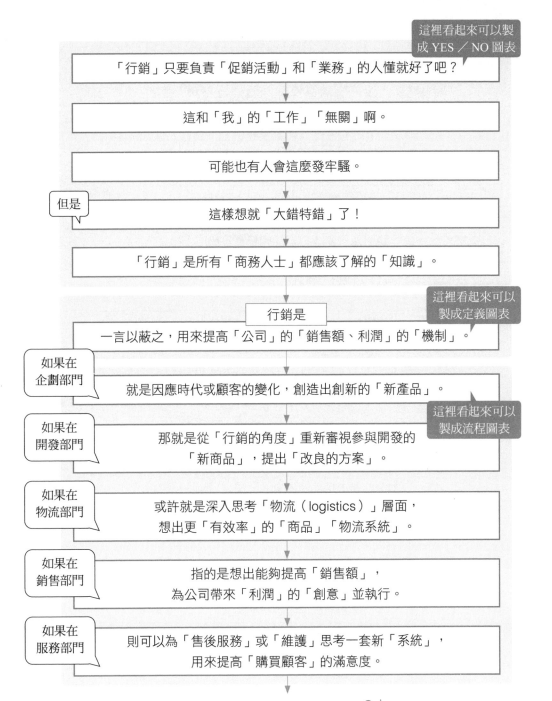

這裡看起來可以製成 YES ／ NO 圖表

「行銷」只要負責「促銷活動」和「業務」的人懂就好了吧？

這和「我」的「工作」「無關」啊。

可能也有人會這麼發牢騷。

但是

這樣想就「大錯特錯」了！

「行銷」是所有「商務人士」都應該了解的「知識」。

這裡看起來可以製成定義圖表

行銷是
一言以蔽之，用來提高「公司」的「銷售額、利潤」的「機制」。

如果在企劃部門

就是因應時代或顧客的變化，創造出創新的「新產品」。

這裡看起來可以製成流程圖表

如果在開發部門

那就是從「行銷的角度」重新審視參與開發的
「新商品」，提出「改良的方案」。

如果在物流部門

或許就是深入思考「物流（logistics）」層面，
想出更「有效率」的「商品」「物流系統」。

如果在銷售部門

指的是想出能夠提高「銷售額」，
為公司帶來「利潤」的「創意」並執行。

如果在服務部門

則可以為「售後服務」或「維護」思考一套新「系統」，
用來提高「購買顧客」的滿意度。

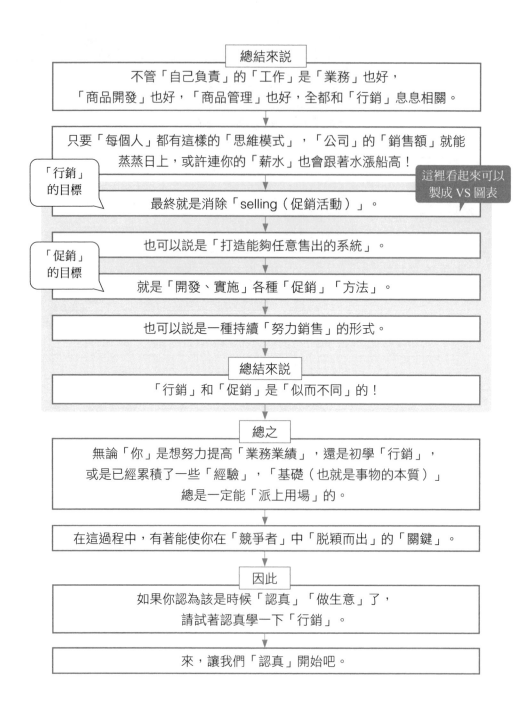

**總結來說**

不管「自己負責」的「工作」是「業務」也好，
「商品開發」也好，「商品管理」也好，全都和「行銷」息息相關。

只要「每個人」都有這樣的「思維模式」，「公司」的「銷售額」就能
蒸蒸日上，或許連你的「薪水」也會跟著水漲船高！

「行銷」
的目標

這裡看起來可以
製成 VS 圖表

最終就是消除「selling（促銷活動）」。

「促銷」
的目標

也可以說是「打造能夠任意售出的系統」。

就是「開發、實施」各種「促銷」「方法」。

也可以說是一種持續「努力銷售」的形式。

**總結來說**

「行銷」和「促銷」是「似而不同」的！

**總之**

無論「你」是想努力提高「業務業績」，還是初學「行銷」，
或是已經累積了一些「經驗」，「基礎（也就是事物的本質）」
總是一定能「派上用場」的。

在這過程中，有著能使你在「競爭者」中「脫穎而出」的「關鍵」。

**因此**

如果你認為該是時候「認真」「做生意」了，
請試著認真學一下「行銷」。

來，讓我們「認真」開始吧。

我們在 STEP 3 檢視了適用的圖表，這次我們要練習實際轉換成各種圖表。

句子圖表是「七張圖表思考法」的準備階段，接下來我們終於要開始製作正式的七圖了。

接下來我會以此順序說明：

● 定義圖表
● YES ／ NO 圖表
● 要素圖表
● VS 圖表
● 流程圖表
● 組合圖表

不過，製作七圖時，不必每次都用到所有圖表。根據不同的文章，需要不同的圖表。

可是，因為不曉得隨時會遇到的文章，需要使用哪一種圖表，就讓我們好好了解所有的圖表吧。

# 2
# 定義圖表

明確定義詞彙的「定義圖表」是相當簡單的圖表，只需要在上面的方框填進「希望闡明定義的詞彙」，並在下面填進「定義的內容」就行了。

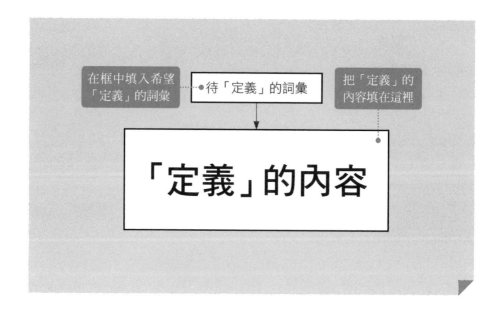

**根據需求，繼續分割句子圖表**

在句子圖表的階段，常見的情況是一個框中同時填進了「希望闡明定義的詞句」以及「定義的內容」。只要能把這一格分割成兩格，就幾乎完成了定義圖表。

在範例文中，帶有底色小格子的那個方框，很可能就是「定義圖表」。

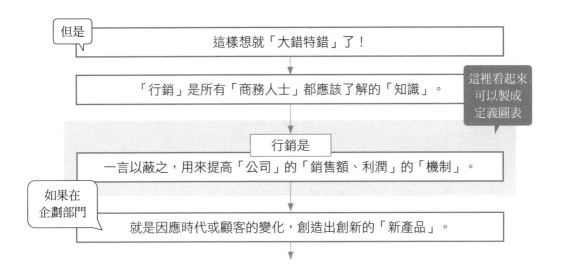

為什麼是「定義圖表」？

有底色的方框中的文字，用一句話說明了「行銷」的意義。小格子「行銷是」，和「一言以蔽之」這兩句話是檢查的重點。

　　冗長的說明不僅難以理解，也很容易引起誤解，最好盡量改寫成簡單的表達方式。

　　此外，最好把下面方框的框線加厚或放大字體，和上面方框做出區別，聚焦重點。

　　以下是我從範例文中，找到如何定義「行銷」這個詞彙的圖表。

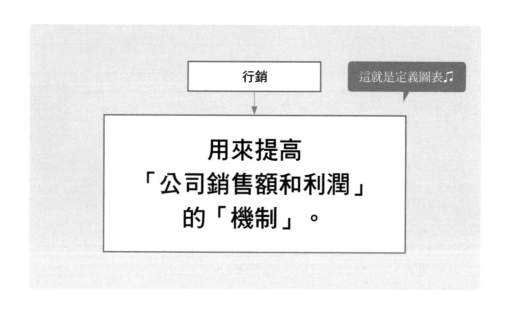

> 行銷

這就是定義圖表♫

> **用來提高
> 「公司銷售額和利潤」
> 的「機制」。**

**Point**

以「所謂」開頭的文章，或是可以改寫成這種形式的文章，
都可以轉換為「定義圖表」。

# 3

# YES ／ NO 圖表

YES ／ NO 圖表是以主觀或客觀的角度，把兩種討論項目明確劃分為正確（希望肯定）的和錯誤（希望否定）的圖表。

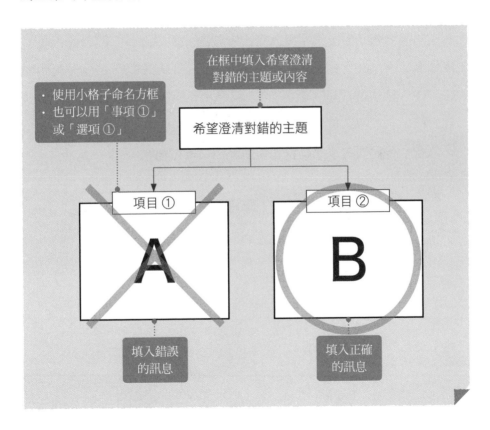

　　思考文章的作者想闡明什麼的對錯，「主題」就昭然若揭了。此外，我們可以把「不是～」、「～是錯的」、「但是」等敘述方式當作提示，從而判斷什麼是對的、什麼是錯的。

　　分類完成後，請把「主題」填進 YES ／ NO 圖表的上框；把 NO 訊息（錯誤的、希望否定的）填進左下框中；YES 訊息（正確的、希望肯定的）填進右下框中。最後在小格子裡，填進可以說明每個方框意義的語詞。

　　橫向書寫的時候，文字流向是由左往右，所以在實際閱讀圖表時，順序是 NO → YES。由於人類最容易留下印象的是右邊，這就是為什麼 YES ／ NO 圖表的規則，是把 YES 訊息（正確的、希望肯定的）填進右側的框中。

　　那麼，讓我們在下一頁實際使用範例文練習吧。

這裡看起來可以製成 YES／NO 圖表

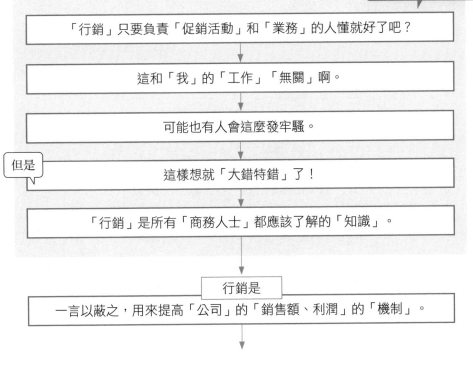

「行銷」只要負責「促銷活動」和「業務」的人懂就好了吧？

這和「我」的「工作」「無關」啊。

可能也有人會這麼發牢騷。

但是

這樣想就「大錯特錯」了！

「行銷」是所有「商務人士」都應該了解的「知識」。

行銷是

一言以蔽之，用來提高「公司」的「銷售額、利潤」的「機制」。

為什麼是「YES／NO 圖表」？

留意「但是」和「……是錯的」。由於這種詞彙否定了前面的語句，所以有底色的部分可以想作是「YES／NO 圖表」。「但是」之前的是錯誤的訊息，而位在之後則是正確的訊息。

接著讓我們嘗試把句子圖表改為 YES ／ NO 圖表。

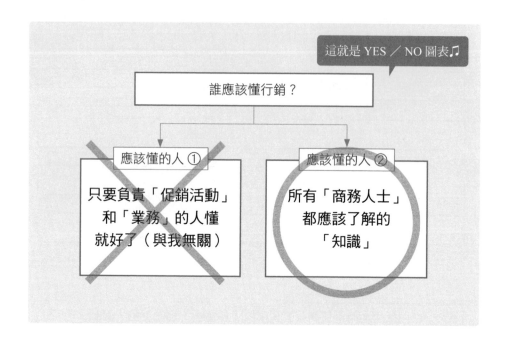

這就是 YES ／ NO 圖表♫

誰應該懂行銷？

應該懂的人 ①

只要負責「促銷活動」和「業務」的人懂就好了（與我無關）

應該懂的人 ②

所有「商務人士」都應該了解的「知識」

如果句子圖表的文字難以理解，請改寫成更好懂的文字。這次轉換後，框中的文字可以變得更簡單。

如下所示：

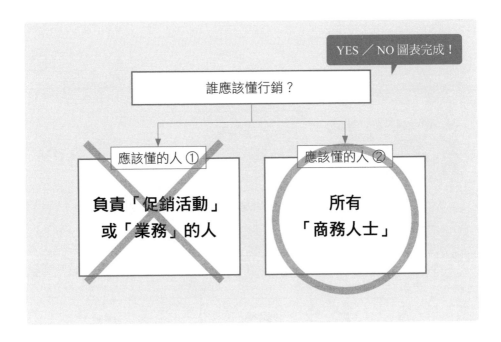

文章結論中出現「是～，不是～」的句子時，
可以轉換為「YES／NO 圖表」。

# 4

# 要素圖表

要素圖表的用途是整理並列要素和組成某事物的要素。

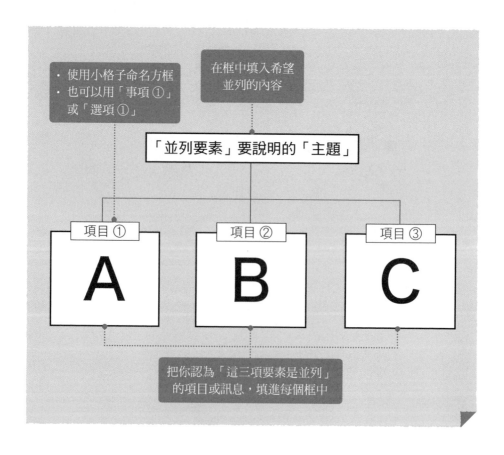

- 使用小格子命名方框
- 也可以用「事項①」 或「選項①」

在框中填入希望 並列的內容

「並列要素」要說明的「主題」

項目①

項目②

項目③

A

B

C

把你認為「這三項要素是並列」 的項目或訊息,填進每個框中

## 把句子圖表分類為「主題」和「要素」

思考文章的作者想提出的主張，「主題」之下的「並列要素」就清晰可見了。針對該主題，當你找到好幾個答案時，把這些答案填入「並列要素」的框中（左頁的 A、B、C）。

最後在小格子裡，填進可以說明每個方框意義的語詞。

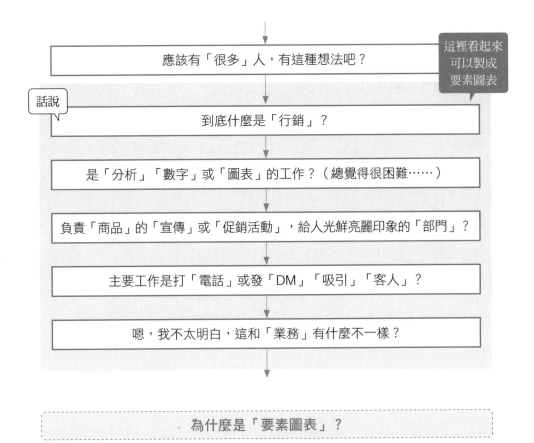

> 應該有「很多」人，有這種想法吧？

這裡看起來可以製成要素圖表

話說

> 到底什麼是「行銷」？

> 是「分析」「數字」或「圖表」的工作？（總覺得很困難……）

> 負責「商品」的「宣傳」或「促銷活動」，給人光鮮亮麗印象的「部門」？

> 主要工作是打「電話」或發「DM」「吸引」「客人」？

> 嗯，我不太明白，這和「業務」有什麼不一樣？

為什麼是「要素圖表」？

此部分的文章內容，列舉了我們對於行銷的各式各樣印象，因此可以使用「要素圖表」。

接著讓我們嘗試把句子圖表改為要素圖表。

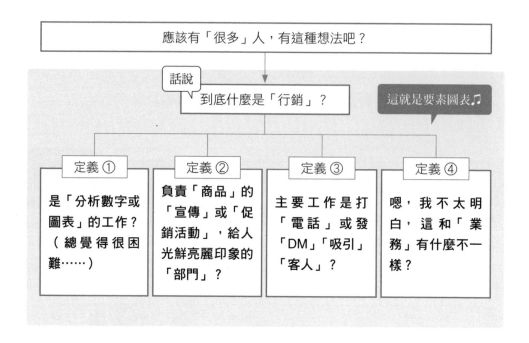

應該有「很多」人，有這種想法吧？

話說

到底什麼是「行銷」？

這就是要素圖表♫

定義①

是「分析數字或圖表」的工作？（總覺得很困難……）

定義②

負責「商品」的「宣傳」或「促銷活動」，給人光鮮亮麗印象的「部門」？

定義③

主要工作是打「電話」或發「DM」「吸引」「客人」？

定義④

嗯，我不太明白，這和「業務」有什麼不一樣？

如果句子圖表的文字難以理解，請改寫成更好懂的文字。

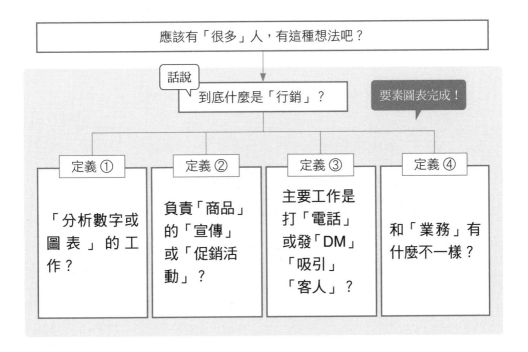

Point

**如果文章列舉了多項與主題相關的要素，就能轉換為「要素圖表」。**

# 5

# VS 圖表

VS 圖表可以平等比較兩種事項，或表示對立的概念。

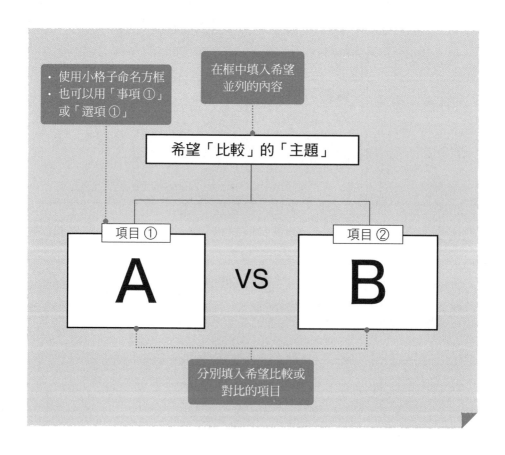

　　思考文章的作者意圖比較什麼主題，把「主題」的內容（亦即希望「比較」的「事項」）填進 VS 圖表上面的方框中。

　　此外，找出針對同一主題的「不同」結論，並逐一填入下面「A」和「B」的方框中。最後在小格子裡，填進可以說明每個方框意義的語詞。

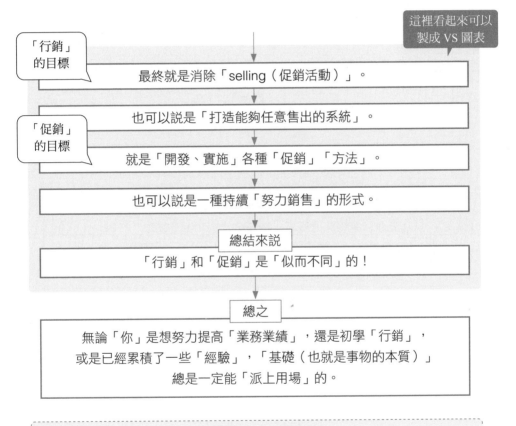

這裡看起來可以製成 VS 圖表

「行銷」的目標

最終就是消除「selling（促銷活動）」。

也可以說是「打造能夠任意售出的系統」。

「促銷」的目標

就是「開發、實施」各種「促銷」「方法」。

也可以說是一種持續「努力銷售」的形式。

總結來說

「行銷」和「促銷」是「似而不同」的！

總之

無論「你」是想努力提高「業務業績」，還是初學「行銷」，或是已經累積了一些「經驗」，「基礎（也就是事物的本質）」總是一定能「派上用場」的。

**為什麼是「VS 圖表」？**

請注意左上兩個對話框，因為都表示「目標」，看出這兩者是可以比較的對象。

接著讓我們嘗試把句子圖表改為 VS 圖表。

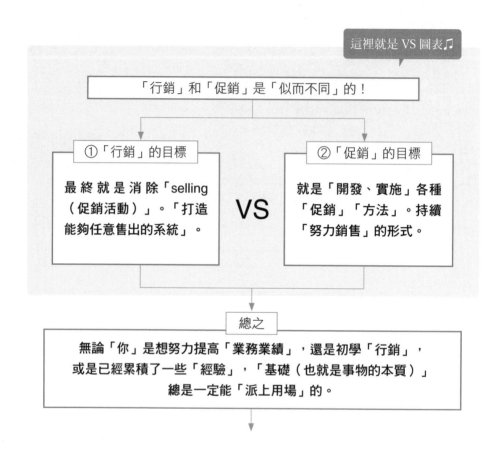

這裡就是 VS 圖表♫

「行銷」和「促銷」是「似而不同」的！

① 「行銷」的目標

最終就是消除「selling（促銷活動）」。「打造能夠任意售出的系統」。

VS

② 「促銷」的目標

就是「開發、實施」各種「促銷」「方法」。持續「努力銷售」的形式。

總之

無論「你」是想努力提高「業務業績」，還是初學「行銷」，或是已經累積了一些「經驗」，「基礎（也就是事物的本質）」總是一定能「派上用場」的。

請把框中的內容改寫成更容易理解的文字吧。也推薦使用小格子或對話框來整理其他細節。

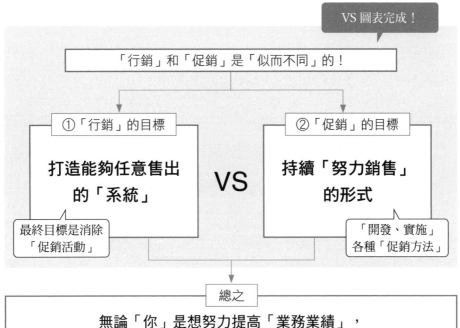

VS 圖表完成！

「行銷」和「促銷」是「似而不同」的！

①「行銷」的目標

打造能夠任意售出
的「系統」

VS

②「促銷」的目標

持續「努力銷售」
的形式

最終目標是消除
「促銷活動」

「開發、實施」
各種「促銷方法」

總之

無論「你」是想努力提高「業務業績」，
還是初學「行銷」，或是已經累積了一些「經驗」，
「基礎（也就是事物的本質）」總是一定能「派上用場」的。

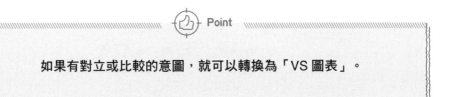

Point

如果有對立或比較的意圖，就可以轉換為「VS 圖表」。

# 6

# 流程圖表

流程圖表是用來表示時序或邏輯次序的圖表。

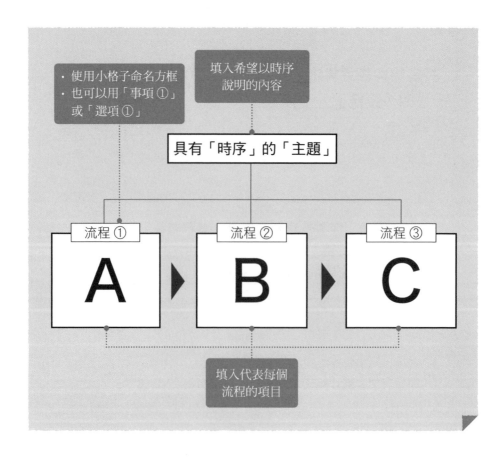

思考文章的作者在主題上依序想說明什麼，把這個「主題」填進流程圖表的上框中。此外，請按照時序和邏輯的次序，從左框開始依序填入每一項事項。最後在方框上的小格子，填進可以說明每個方框意義的語詞。

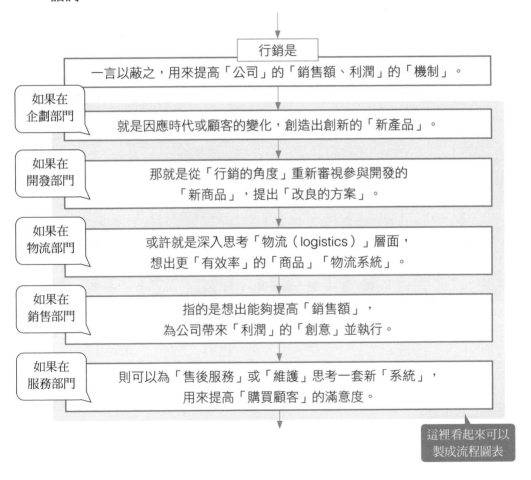

請注意標示每個部門的對話框，這些內容代表公司的產品從完成到流通的流程，因此可以製成流程圖表。或許在此處，很容易會把流程圖表和要素圖表混淆，但如果不是並列，而帶有前後順序，那就是流程圖表。

接著讓我們嘗試把句子圖表改為流程圖表。

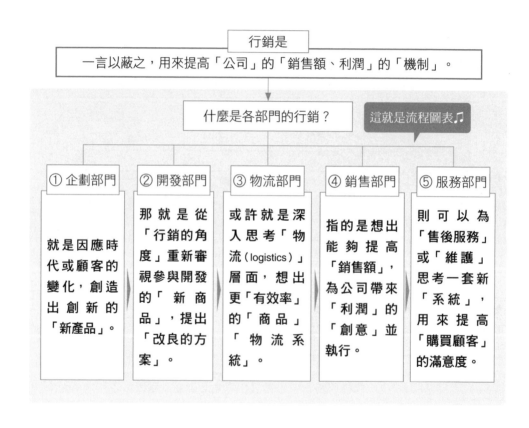

　　請把框中的內容改寫成更容易理解的文字吧。這個步驟會簡化每個
部門的說明。

---

👍 Point

**只要看見「順序」，就能轉換為「流程圖表」。**

# 7

# 組合圖表

　　組合圖表由句子圖表、定義圖表、YES ／ NO 圖表、要素圖表、
VS 圖表以及流程圖表等六種圖表根據需求組合而成。

　　以下只是範例，實際上可以視狀況變化成各種形式。

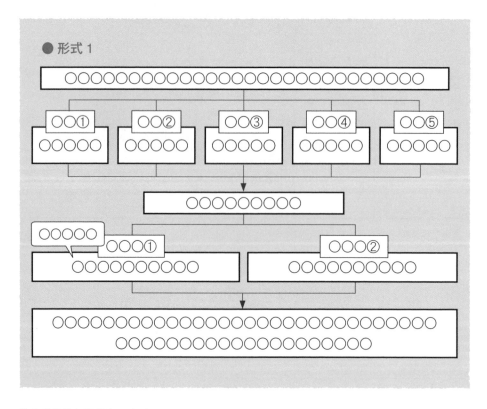

● 形式 2

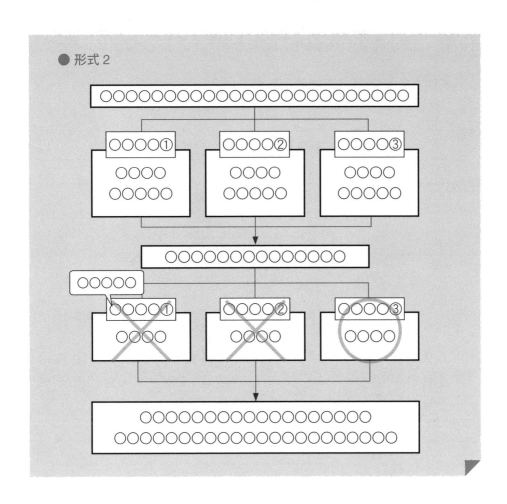

將範例文轉換成前述的所有圖表，並組合成一張圖表，請見下一頁。

範例文最後會變成下圖所示的組合圖表。

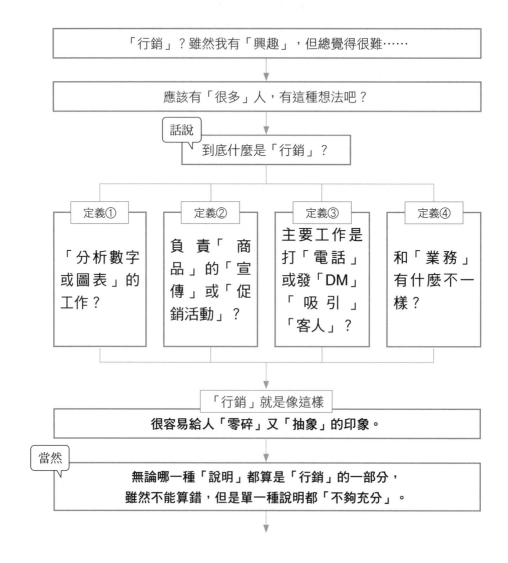

「行銷」？雖然我有「興趣」，但總覺得很難……

應該有「很多」人，有這種想法吧？

話說

到底什麼是「行銷」？

定義①

「分析數字或圖表」的工作？

定義②

負責「商品」的「宣傳」或「促銷活動」？

定義③

主要工作是打「電話」或發「DM」「吸引」「客人」？

定義④

和「業務」有什麼不一樣？

「行銷」就是像這樣

很容易給人「零碎」又「抽象」的印象。

當然

無論哪一種「說明」都算是「行銷」的一部分，雖然不能算錯，但是單一種說明都「不夠充分」。

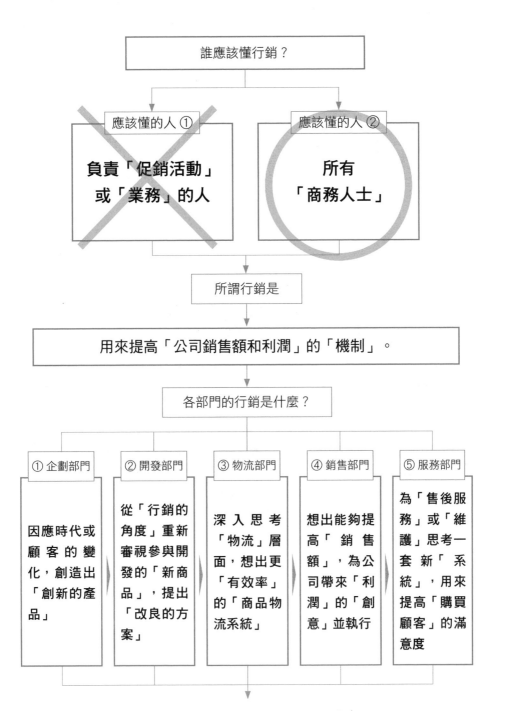

誰應該懂行銷？

應該懂的人 ①

負責「促銷活動」
或「業務」的人

應該懂的人 ②

所有
「商務人士」

所謂行銷是

用來提高「公司銷售額和利潤」的「機制」。

各部門的行銷是什麼？

① 企劃部門

因應時代或
顧客的變
化，創造出
「創新的產
品」

② 開發部門

從「行銷的
角度」重新
審視參與開
發的「新商
品」，提出
「改良的方
案」

③ 物流部門

深入思考
「物流」層
面，想出更
「有效率」
的「商品物
流系統」

④ 銷售部門

想出能夠提
高「銷售
額」，為公
司帶來「利
潤」的「創
意」並執行

⑤ 服務部門

為「售後服
務」或「維
護」思考一
套新「系
統」，用來
提高「購買
顧客」的滿
意度

「行銷」就是像這樣

不管「自己負責」的「工作」是「業務」也好，「商品開發」也好，「商品管理」也好，全都和「行銷」息息相關。

只要「每個人」都有這樣的「思維模式」，「公司」的「銷售額」就能蒸蒸日上，或許連你的「薪水」也會跟著水漲船高！

「行銷」和「促銷」是「似而不同」的！

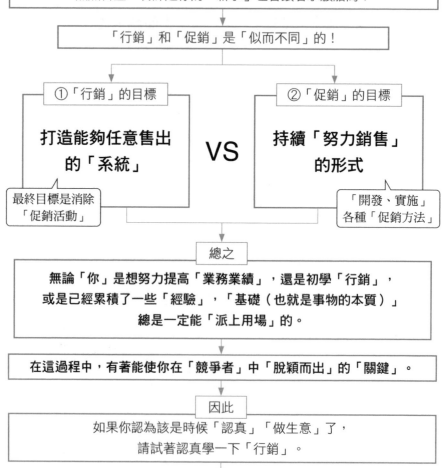

① 「行銷」的目標

打造能夠任意售出的「系統」

VS

② 「促銷」的目標

持續「努力銷售」的形式

最終目標是消除「促銷活動」

「開發、實施」各種「促銷方法」

總之

無論「你」是想努力提高「業務業績」，還是初學「行銷」，或是已經累積了一些「經驗」，「基礎（也就是事物的本質）」總是一定能「派上用場」的。

在這過程中，有著能使你在「競爭者」中「脫穎而出」的「關鍵」。

因此

如果你認為該是時候「認真」「做生意」了，請試著認真學一下「行銷」。

來，讓我們「認真」開始吧。

你覺得怎麼樣？

已經對如何使用七圖歸納文章，有點概念了嗎？

不管什麼事情都是「熟能生巧」。

接下來請用後面的題目練習歸納文章，做出自己的七圖吧。

練習的文章後，也刊載了我製作的圖表。希望提供各位參考該使用哪個圖表，以及如何使用對話框和小格子。

但是，不能只看不做，請各位務必嘗試自己圖表化。唯有親自動手製作，才能真的學會。

圖表沒有正確答案，只要可以一目瞭然就好。

那就來試試看吧。

# 練習題 I

　接下來，我們要以商業書的文章為材料，練習使用圖表歸納。

　已經寫得淺顯易懂的書籍文章，非常適合用來練習組織化（圖表化）。

　如果你能夠反覆練習，學會圖表化的內涵，就能夠對事物進行結構性思考了。而且，你也可以使用圖表把理念精準傳達給人們。

　練習題總共有三題，不過，這裡的練習只是「邏輯組織化」的第一步。除此之外，希望你能使用正在閱讀的書籍進行更多練習。

問題 1

theme | KFS

　接下來讓我們想想，「什麼是用來在市場上獲勝的 KFS ？」

　關於「KFS」之後會有詳細的說明，總之，這是為了在這個有吸引力的市場中取勝的重點。整理好求勝的重點後，流程就是把公司與競爭對手進行比較，驗證競爭對手有怎樣的優勢，對照公司有哪些優勢。

　最後請考慮在這裡的目標，是闡明自己的公司具有怎樣的優勢當作武器，預估在這個市場上的獲勝程度如何。

　那麼，到底什麼是「KFS」？

　以下是我的說明。

　KFS 是「Key Factor for Success」的縮寫，意思是「攻佔市場時最可能的關鍵重點」。也就是說，意思是在做這門生意的時候，特別最應該重視的項目，也可以說是成功的主要原因。

資料來源：《如何打造你的第一個事業計劃》（はじめての事業計画のつくり方 21 世紀スキル），吉本貴志、伊藤公健合著，Discover 21 出版

解答

下圖是從練習題轉換的組合圖表，文章的內容變得一目瞭然。

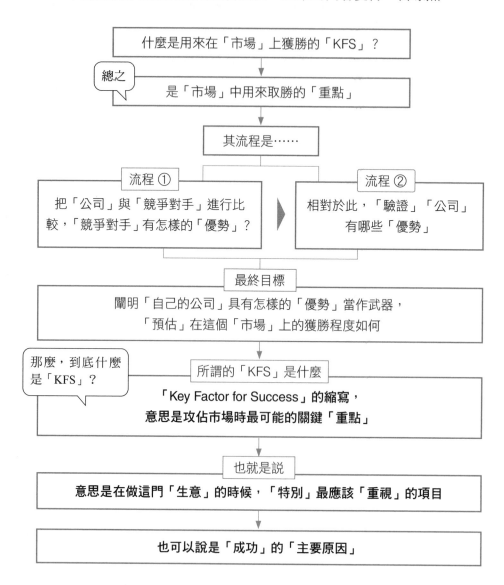

還可以再優化！

　　把框中的內容簡化，最後一句感覺很多餘所以刪除。另外，把「到底什麼是 KFS ？」製成句子圖表後，更容易閱讀。

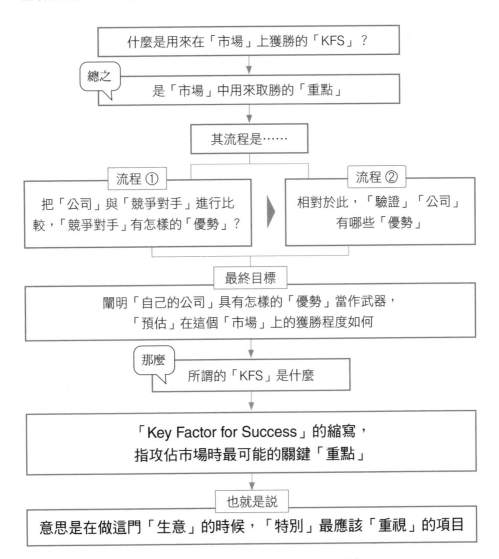

什麼是用來在「市場」上獲勝的「KFS」？

總之
是「市場」中用來取勝的「重點」

其流程是……

流程 ①
把「公司」與「競爭對手」進行比較，「競爭對手」有怎樣的「優勢」？

流程 ②
相對於此，「驗證」「公司」有哪些「優勢」

最終目標
闡明「自己的公司」具有怎樣的「優勢」當作武器，「預估」在這個「市場」上的獲勝程度如何

那麼
所謂的「KFS」是什麼

「Key Factor for Success」的縮寫，指攻佔市場時最可能的關鍵「重點」

也就是說
意思是在做這門「生意」的時候，「特別」最應該「重視」的項目

你會怎麼整理呢？

theme | **Mission**

所謂的「Mission」，簡單來説就是「定義目標的願景或提供的價值」。

請把 Mission 視為闡明何種事情是目標、提供什麼樣的價值。這個詞可以翻譯成各種詞彙，例如「理念」或「使命」，但討論詞彙的差異沒有多大用處，因此這裡我們先把 Mission 定義如下。

Mission 之所以很重要，有兩個原因。

其一是做生意的目標當然是獲得銷售額和利潤，但如果沒有目標的願景，很可能無法確定推行事業的判斷軸，而迷失方向。（中略）

另一個原因是，如果有明確的目標願景，團隊成員就能以相同的志向工作，有效且效率佳地朝目標前進。

資料來源：《如何打造你的第一個事業計劃》（*はじめての事業計画のつくり方 21 世紀スキル*），吉本貴志、伊藤公健合著，Discover 21 出版

下圖是從練習題轉換的組合圖表，文章的內容變得一目瞭然。

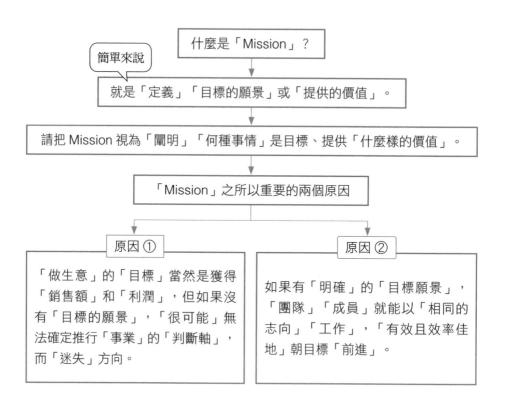

什麼是「Mission」？

簡單來說

就是「定義」「目標的願景」或「提供的價值」。

請把 Mission 視為「闡明」「何種事情」是目標、提供「什麼樣的價值」。

「Mission」之所以重要的兩個原因

原因 ①

「做生意」的「目標」當然是獲得「銷售額」和「利潤」，但如果沒有「目標的願景」，「很可能」無法確定推行「事業」的「判斷軸」，而「迷失」方向。

原因 ②

如果有「明確」的「目標願景」，「團隊」「成員」就能以「相同的志向」「工作」，「有效且效率佳地」朝目標「前進」。

　　我把原因①②中令人頭痛的文字移到外面，填進對話框，只針對想說明的原因放大，字體也稍微加粗。此外，我還簡化了每一個框中的文字內容。

　　這樣一來，原因就更清楚了。

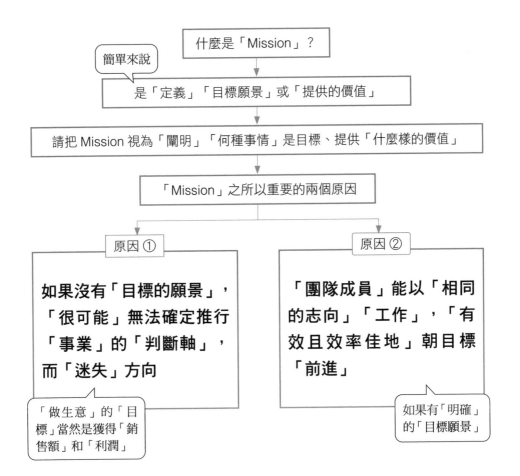

你會怎麼整理呢？

theme │ **商業模式**

　　「商業模式」這個詞非常常見，但定義卻十分模糊。如果在網路上搜尋「商業模式」，你會發現每個人各有自己的定義。

　　我擷取了這些定義的共通之處，並定義為「商業模式是一種創造利潤的商業架構」。因為再延伸的定義相當模糊，所以現在只要記住這點就可以了。

　　思考商業模式的四個步驟（中略）：
　　①理解價值鏈（中略）
　　②清楚公司的戰場在哪（中略）
　　③考慮和外部合作夥伴的合作機制（中略）
　　④思考獲得等價報酬的機制

資料來源：《如何打造你的第一個事業計劃》（はじめての事業計画のつくり方 21 世紀スキル），吉本貴志、伊藤公健合著，Discover 21 出版

下圖是從練習題轉換的組合圖表，文章的內容變得一目瞭然。

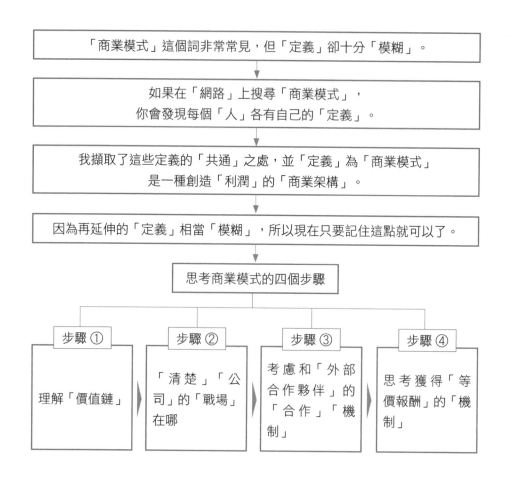

「商業模式」這個詞非常常見，但「定義」卻十分「模糊」。

如果在「網路」上搜尋「商業模式」，
你會發現每個「人」各有自己的「定義」。

我擷取了這些定義的「共通」之處，並「定義」為「商業模式」
是一種創造「利潤」的「商業架構」。

因為再延伸的「定義」相當「模糊」，所以現在只要記住這點就可以了。

思考商業模式的四個步驟

步驟①

理解「價值鏈」

步驟②

「清楚」「公司」的「戰場」在哪

步驟③

考慮和「外部合作夥伴」的「合作」「機制」

步驟④

思考獲得「等價報酬」的「機制」

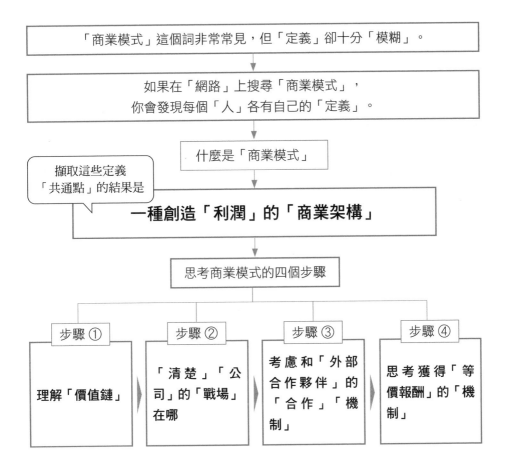

還可以再優化！

　　根據上頁，從上數下來的第三個方框內容就是「定義」，因此此處可以改成定義圖表。

　　根據上頁，從上數下來的第四個方框，對於說明內容而言是多餘的，因此刪除。

「商業模式」這個詞非常常見，但「定義」卻十分「模糊」。

如果在「網路」上搜尋「商業模式」，
你會發現每個「人」各有自己的「定義」。

什麼是「商業模式」

擷取這些定義
「共通點」的結果是

一種創造「利潤」的「商業架構」

思考商業模式的四個步驟

步驟①

理解「價值鏈」

步驟②

「清楚」「公司」的「戰場」在哪

步驟③

考慮和「外部合作夥伴」的「合作」「機制」

步驟④

思考獲得「等價報酬」的「機制」

## 你會怎麼整理呢？

chapter
3 把思考輸出！
你是不是想得太複雜了？

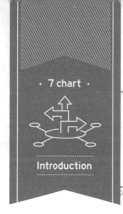

# 為什麼要輸出？

在第二章中，我們以「歸納範例文」的形式練習把邏輯的架構可視化，而在本章節中，我們將訓練你使用七圖，把腦袋中「思考」的邏輯架構，在可視化的同時也達到輸出的目標。

在歸納的時候，必須按部就班完成以下三個步驟，製作每個圖表。

STEP 1　**把字體轉換為黑體**

STEP 2　**在句子圖表的每一個框中填入一個句子**

STEP 3　**分析每個框之間的關係，並思考要轉換的候選圖表**

特別是 STEP 3 的「思考要轉換的候選圖表」是重要的關鍵，只要能夠辦到這一點，也等於完成歸納圖表了。

另一方面，要輸出想法，則要依以下步驟執行：


STEP 1　**思考輸出的目的**

STEP 2　**根據不同目標和對象選擇圖表**

STEP 3　**把想法製成句子圖表，再轉換成其他圖表**


　　總之，重要的是弄清楚最初的目標，並選出符合目標的圖表，才能實現最初目標的邏輯組織化。

　　本章節接下來會依據各個主題，分別按照每一種目標使用七圖，並訓練讀者把思想論點的結構視覺化。

　　那麼，首先容我說明每一種圖表的用途。

　　讓我們從定義圖表開始吧。

---

```
┌─────────────────────┐
│    希望「定義」的詞彙    │
└─────────────────────┘
           │
           ▼
```

┌───────────────────────────┐
│                           │
│       定義的內容            │
│                           │
└───────────────────────────┘

■ **希望明確定義詞彙**

≫ 定義圖表

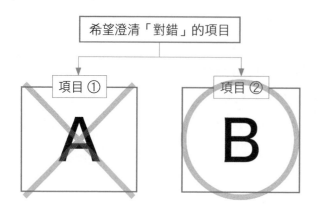

■ 希望可以區分正確
　和錯誤（的事物）
■ 希望強調某些優點
» YES／NO 圖表

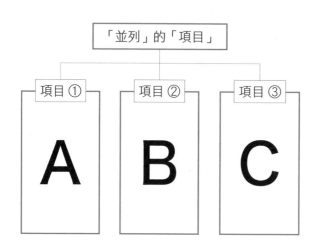

■ 希望整理並列的要
　素
■ 希望毫無遺漏、徹
　底找出所有要素或
　想法
» 要素圖表

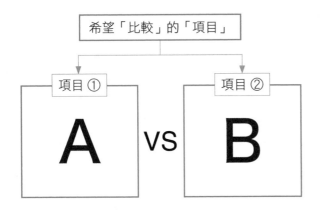

■ 希望平等比較兩
　種事項，或表示
　對立的概念
≫ VS 圖表

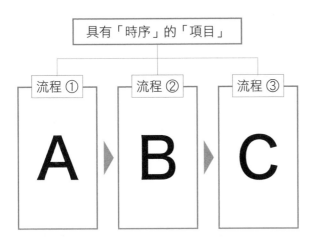

■ 希望表示時序或
　邏輯次序
■ 希望展示根本原
　因、結果預測、
　解決方案等等
≫ 流程圖表

# 輸出訓練

　　接下來讓我們使用每一種圖表,練習如何輸出吧。

　　到這裡我們已經完成第91頁輸出的步驟1和2了。因此,接下來將會說明步驟3「把想法製成句子圖表,再轉換成其他圖表」的做法,以下將分成三個步驟來說明。

　　這些舉例和範例圖表僅供參考,並非唯一的正確解答。請各位在看範例解答的時候同時想一想,應該怎麼做才能傳達自己的想法,應該如何呈現才能讓別人理解。

　　根據我們在上一章中學會的製作圖表基礎知識,讓我們開始更實用的「七張圖表思考法」吧。

# 1

# 定義圖表
## 希望明確定義詞彙

## » 目標

希望達成對於「建立品牌」這個詞彙的共識。

## » 想法（舉例）

所謂的建立品牌，簡而言之，就是產品或服務的代名詞。

**STEP**
**1** **把想法製成句子圖表**

把腦海中浮現的文字直接寫下來，並製成句子圖表。在電腦上打字時，務必使用黑體。

---

所謂的「建立品牌」，
簡而言之，就是「產品」或「服務」的「代名詞」。

---

把「想要弄清楚定義的詞句」和「定義內容」分別填進定義圖表的框中。

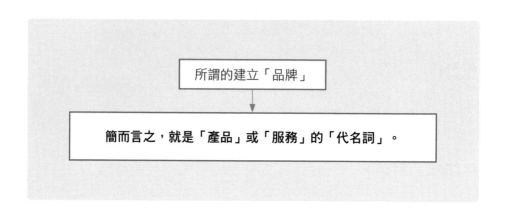

所謂的建立「品牌」

**簡而言之，就是「產品」或「服務」的「代名詞」。**

這樣就完成了。

但是，行有餘力或有自己習慣表達方式的人，可以想一想，能不能把意思表達得更好懂。

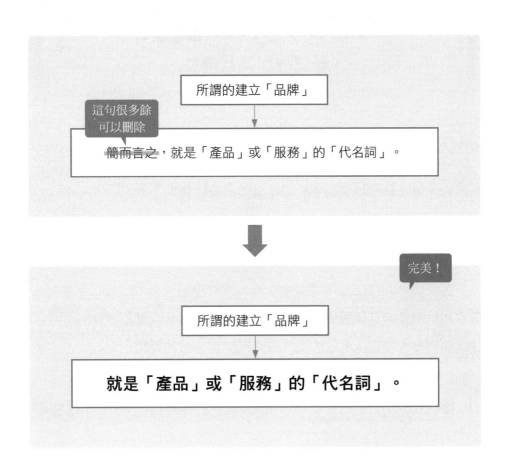

所謂的建立「品牌」

這句很多餘
可以刪除

簡而言之，就是「產品」或「服務」的「代名詞」。

完美！

所謂的建立「品牌」

就是「產品」或「服務」的「代名詞」。

# 2

# YES／NO 圖表

## 希望強調某些優點

---

>> 目標

　　希望傳達飲食控制比運動更能有效瘦身的觀點。

>> 想法（舉例）

　　假設瘦身的目標是希望減少 350 大卡的熱量。有效的方法是少吃一碗會增加熱量的烏龍麵，而不是花兩個小時步行八公里。

　　能夠每天持之以恆做的是「飲食控制」，而非運動。

---

STEP
**1** | **把想法製成句子圖表**

---

把腦海中浮現的文字直接寫下來，並製成句子圖表。

有時候只要製成句子圖表，就能明白哪些是不需要的句子。

假設「瘦身的目標」是希望減少「350 大卡的熱量」。

↓

「有效的」「方法」是少吃一碗會增加熱量的「烏龍麵」，
而不是花「兩個小時」「步行」「八公里」。

↓

~~能夠「每天」持之以恆做的是飲食控制，而非運動。~~

這句是「多餘的」，可以刪掉

STEP
2
製成 YES ／ NO 圖表

　　請把語句分類為「主題」、「錯誤的事」、「正確的事」，以及可以更精簡的「不需要的部分」，並填進 YES ／ NO 圖表對應的方框中。

　　建議大膽刪除你認為不需要的部分，才不會模糊想傳達的重點。並且考慮到方便閱讀，可以把某些詞彙放在對話框裡。

　　請帶著能夠「一目瞭然」的意識，來製作圖表吧。

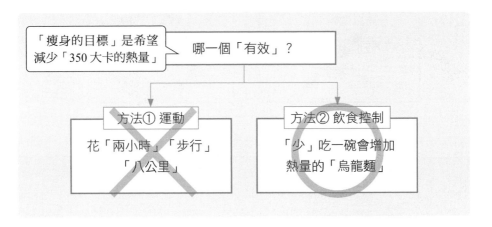

「瘦身的目標」是希望減少「350 大卡的熱量」　　哪一個「有效」？

方法① 運動
花「兩小時」「步行」「八公里」

方法② 飲食控制
「少」吃一碗會增加熱量的「烏龍麵」

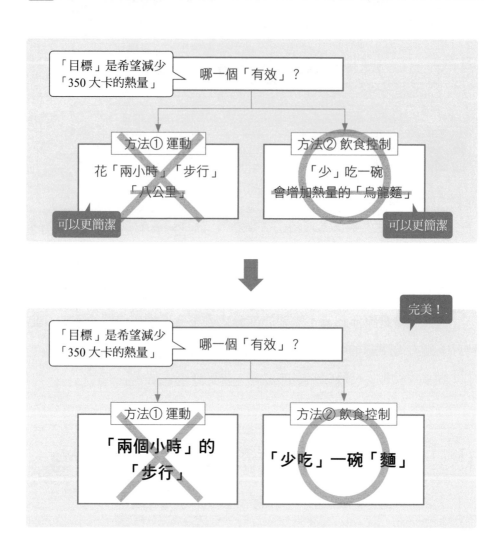

# 3

# 要素圖表
## 希望整理要素

## » 目標

希望用淺顯易懂的方式，陳述自己喜歡電影的各種原因。

## » 想法（舉例）

當我仔細思考自己為什麼喜歡電影時，想到了幾個原因。

首先是因為觀影而感動流淚時，能夠發洩自己的情緒。還有，劇本能對我的工作產生啟發，感受到什麼是人能做到的事。而且能在享受樂趣的同時，了解各行各業的內幕，這點也很有魅力。

　　把腦海中浮現的文字直接寫下來，並製成句子圖表。

　　和先前製作圖表提過的一樣，在這個階段，可以省略任何認為不需要的詞彙。此外，這裡的對話框也可以很多樣，目的是把文章整理成更方便閱讀的樣子。

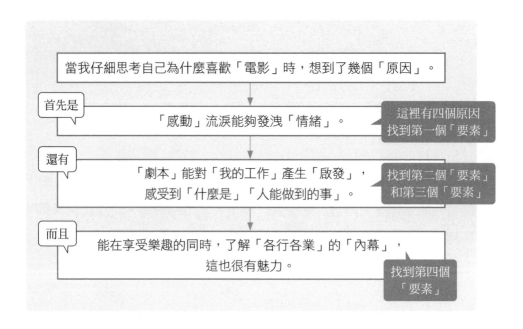

把語句分類為「主題」和「要素內容」，分別填進要素圖表的各個框中。

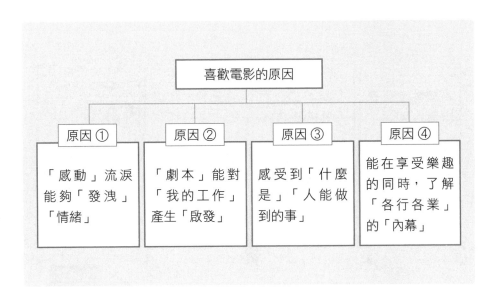

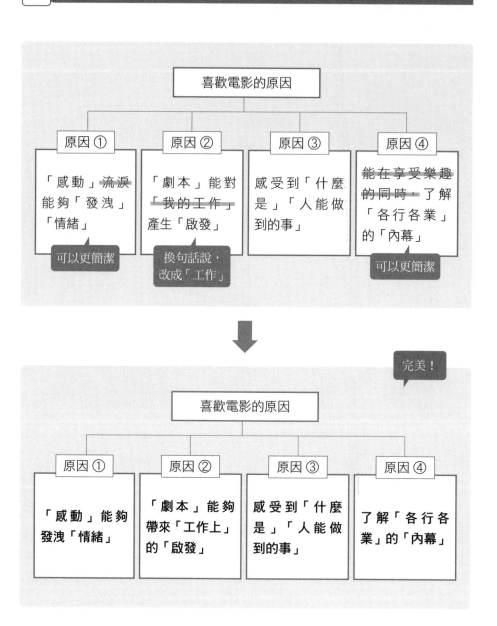

# 4

# VS 圖表
## 希望比較討論兩種以上的項目

## » 目標

希望比較「在家上班」和「去公司上班」的利弊。

## » 想法（舉例）

在家上班和去公司上班，兩種工作型態有什麼不同？

不用說也知道，在家上班的優點是省下了通勤時間，更有效率。此外，可以專心工作不會被打擾。而去公司上班的優點是同事之間的溝通會更順暢，而且實體面談的決策速度較快。

另一方面，在家上班可能會運動不足，而且也會比較難以切換上下班情緒的開關。此外和同事的溝通也會變少。若去公司上班，遇到需要育兒、看護等家庭狀況時，會比較難以協調。通勤也會浪費很多時間。站在企業的立場上來看，花費的辦公成本也比較高。

把腦海中浮現的文字直接寫下來，並製成句子圖表。

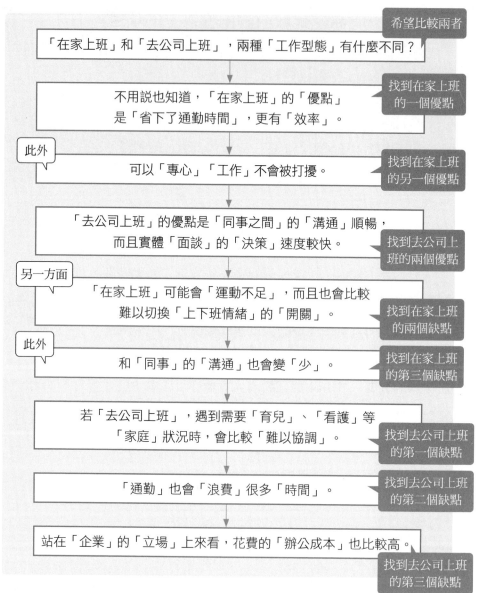

希望比較兩者

「在家上班」和「去公司上班」，兩種「工作型態」有什麼不同？

不用說也知道，「在家上班」的「優點」
是「省下了通勤時間」，更有「效率」。

找到在家上班
的一個優點

**此外**

可以「專心」「工作」不會被打擾。

找到在家上班
的另一個優點

「去公司上班」的優點是「同事之間」的「溝通」順暢，
而且實體「面談」的「決策」速度較快。

找到去公司上
班的兩個優點

**另一方面**

「在家上班」可能會「運動不足」，而且也會比較
難以切換「上下班情緒」的「開關」。

找到在家上班
的兩個缺點

**此外**

和「同事」的「溝通」也會變「少」。

找到在家上班
的第三個缺點

若「去公司上班」，遇到需要「育兒」、「看護」等
「家庭」狀況時，會比較「難以協調」。

找到去公司上
班的第一個缺點

「通勤」也會「浪費」很多「時間」。

找到去公司上
班的第二個缺點

站在「企業」的「立場」上來看，花費的「辦公成本」也比較高。

找到去公司上
班的第三個缺點

把語句分類為「主題」和「想比較的項目」，分別填進 VS 圖表的
各個框中。

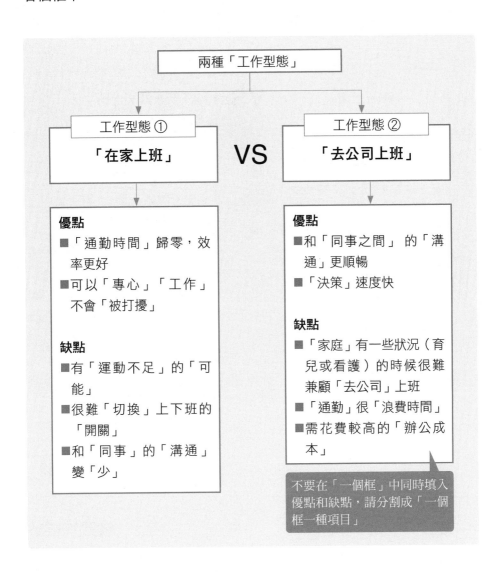

兩種「工作型態」

工作型態 ①
「在家上班」

VS

工作型態 ②
「去公司上班」

**優點**
■「通勤時間」歸零，效
率更好
■可以「專心」「工作」
不會「被打擾」

**缺點**
■有「運動不足」的「可
能」
■很難「切換」上下班的
「開關」
■和「同事」的「溝通」
變「少」

**優點**
■和「同事之間」的「溝
通」更順暢
■「決策」速度快

**缺點**
■「家庭」有一些狀況（育
兒或看護）的時候很難
兼顧「去公司」上班
■「通勤」很「浪費時間」
■需花費較高的「辦公成
本」

不要在「一個框」中同時填入
優點和缺點，請分割成「一個
框一種項目」

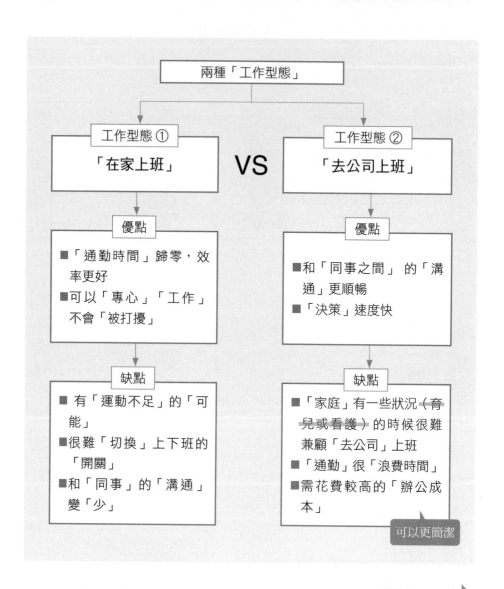

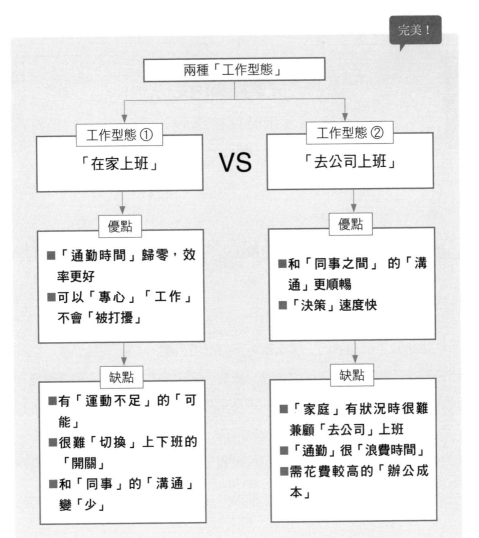

完美！

両種「工作型態」

工作型態①
「在家上班」

VS

工作型態②
「去公司上班」

優點
■「通勤時間」歸零，效率更好
■可以「專心」「工作」不會「被打擾」

優點
■和「同事之間」的「溝通」更順暢
■「決策」速度快

缺點
■有「運動不足」的「可能」
■很難「切換」上下班的「開關」
■和「同事」的「溝通」變「少」

缺點
■「家庭」有狀況時很難兼顧「去公司」上班
■「通勤」很「浪費時間」
■需花費較高的「辦公成本」

# 5

# 流程圖表

## 希望表示時序或邏輯次序

» 目標

想要清楚傳達電影的劇情大綱。

» 想法（舉例）

這是我不久前看的一部北歐電影的劇情大綱。

某家「煩惱諮商室」的負責人接到一通煩惱諮商電話。那是來自一位母親抱著被丈夫虐待的孩子，拼命求救的悲痛慘叫聲，負責人聽了她的「求助」，拚命思考「解決」的方法。但是，從多次接聽的電話交談中，負責人查覺到，瘋狂的是這位母親。真相揭露，把孩子從丈夫身邊奪走並虐待孩子的惡魔，原來是母親。

把腦海中浮現的文字直接寫下來，並製成句子圖表。

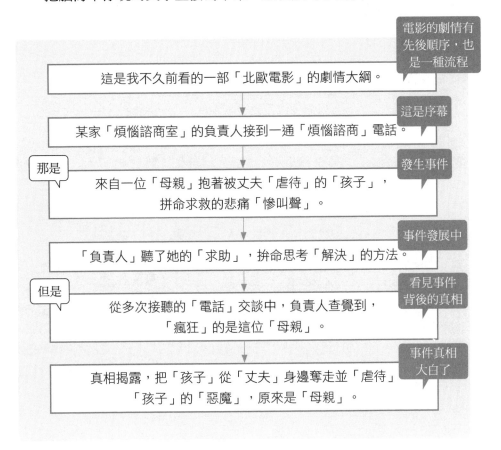

這是我不久前看的一部「北歐電影」的劇情大綱。

> 電影的劇情有先後順序，也是一種流程

某家「煩惱諮商室」的負責人接到一通「煩惱諮商」電話。

> 這是序幕

那是

來自一位「母親」抱著被丈夫「虐待」的「孩子」，拼命求救的悲痛「慘叫聲」。

> 發生事件

「負責人」聽了她的「求助」，拚命思考「解決」的方法。

> 事件發展中

但是

從多次接聽的「電話」交談中，負責人查覺到，「瘋狂」的是這位「母親」。

> 看見事件背後的真相

真相揭露，把「孩子」從「丈夫」身邊奪走並「虐待」「孩子」的「惡魔」，原來是「母親」。

> 事件真相大白了

把語句依「主題」和「按時序或邏輯次序的說明」分類，並分別填進流程圖表的各個框中。

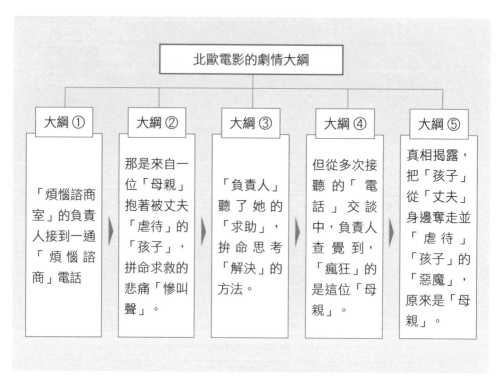

簡化文句並把部分的重點文字改為粗體，讓讀者更容易理解，如下圖所示。

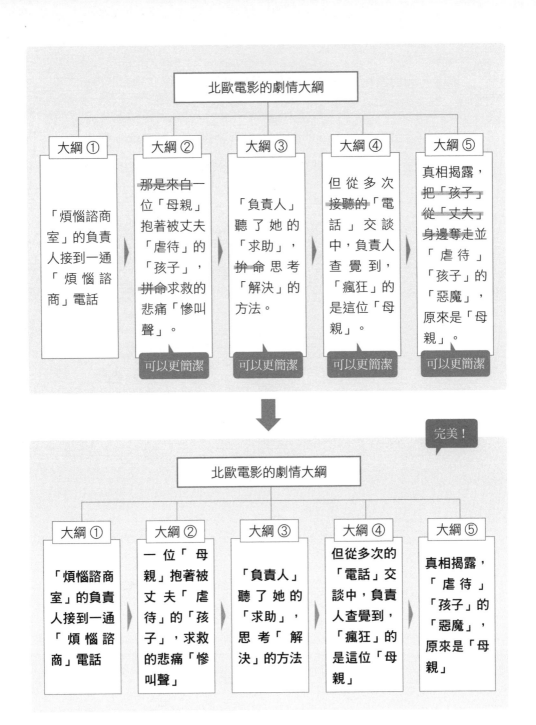

北歐電影的劇情大綱

| 大綱① | 大綱② | 大綱③ | 大綱④ | 大綱⑤ |
|---|---|---|---|---|
| 「煩惱諮商室」的負責人接到一通「煩惱諮商」電話 | 那是來自一位「母親」抱著被丈夫「虐待」的「孩子」，拼命求救的悲痛「慘叫聲」。 | 「負責人」聽了她的「求助」，拼命思考「解決」的方法。 | 但從多次接聽的「電話」交談中，負責人查覺到，「瘋狂」的是這位「母親」。 | 真相揭露，把「孩子」從「丈夫」身邊奪走並「虐待」「孩子」的「惡魔」，原來是「母親」。 |
|  | 可以更簡潔 | 可以更簡潔 | 可以更簡潔 | 可以更簡潔 |

完美！

北歐電影的劇情大綱

| 大綱① | 大綱② | 大綱③ | 大綱④ | 大綱⑤ |
|---|---|---|---|---|
| 「煩惱諮商室」的負責人接到一通「煩惱諮商」電話 | 一位「母親」抱著被丈夫「虐待」的「孩子」，求救的悲痛「慘叫聲」 | 「負責人」聽了她的「求助」，思考「解決」的方法 | 但從多次的「電話」交談中，負責人查覺到，「瘋狂」的是這位「母親」 | 真相揭露，「虐待」「孩子」的「惡魔」，原來是「母親」 |

以上，如何使用七圖輸出的訓練到此結束。

只要組合這五種圖表就能製作「組合圖表」，這裡就不贅述了。

下一章是實戰篇，我將為您介紹「能讓對方說 YES 的資料」的實際案例。

chapter

<u>4</u> 製作讓人說
YES 的資料

「你的提案為什麼這麼容易看懂？」

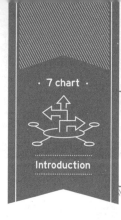

# 把腦中的想法視覺化

　　為了編寫出說服對方的資料，我們需要制定能夠說服對方的「作戰策略」。

　　只不過，制定這種策略比想像中的還要困難，正因如此，許多人心裡充滿困惑，不知道從哪裡開始、要怎麼開始才好。

　　因此我建議，一開始無論如何都要把你腦中的東西寫下來化成文字，然後把這些文字製成圖表。光是寫成文字，就已經能夠在某種程度上「視覺化」自己的想法，接著製成圖表後，就能更方便看見自己的思考邏輯架構，並藉此看出制定策略的提示，找到能夠說服對方的方法。

　　這就是我之所以說「可以讓人說 YES」的原因。

　　那麼，讓我們以幾個例子來說明具體的編寫方法吧。

# 改善內部簽核流程的提案

## STEP 1 把想法寫成文章

試著把腦中的想法寫成文章。這裡將使用以下文字為例。

我認為公司的簽核系統花費太多時間。

一旦想到什麼點子，首先要到總務的檔案裡找公司制式的草案表單。用這份表單來提案，並獲得上司的同意。

接下來，要填寫提案申請表、在部門會議上簡報，並依序經過董事會會議、社長的批准，必須遵循上述守舊的從下到上程序。

此外，簽核至今仍需要實體用印。如果上司或社長剛好在出差，就會遞延到下一次簽核日。這樣一來，當然跟不上時代的變化。

我認為原因就出在這套守舊、層層往上的「簽核制度」。我們需要在決策體系中，建立一套授權制度，將一定程度的決定權往下委託給中層的管理職。

　　把文章組織成句子圖表後，以方框之間的關係作為提示，思考要傳達什麼以及如何表達。

● （例）提案改善公司的簽核系統

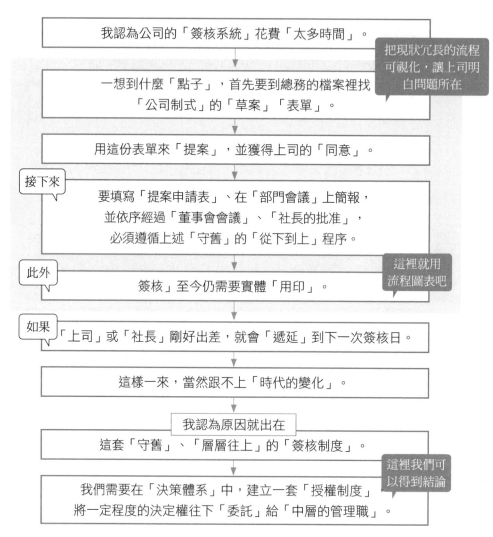

我認為公司的「簽核系統」花費「太多時間」。

把現狀冗長的流程可視化，讓上司明白問題所在

一想到什麼「點子」，首先要到總務的檔案裡找「公司制式」的「草案」「表單」。

用這份表單來「提案」，並獲得上司的「同意」。

接下來

要填寫「提案申請表」、在「部門會議」上簡報，並依序經過「董事會會議」、「社長的批准」，必須遵循上述「守舊」的「從下到上」程序。

此外

「簽核」至今仍需要實體「用印」。

這裡就用流程圖表吧

如果

「上司」或「社長」剛好出差，就會「遞延」到下一次簽核日。

這樣一來，當然跟不上「時代的變化」。

我認為原因就出在
這套「守舊」、「層層往上」的「簽核制度」。

這裡我們可以得到結論

我們需要在「決策體系」中，建立一套「授權制度」，將一定程度的決定權往下「委託」給「中層的管理職」。

依據傳達的目標，把必要的部分轉換為所需的圖表。在圖表之間直接保留句子圖表也 OK。

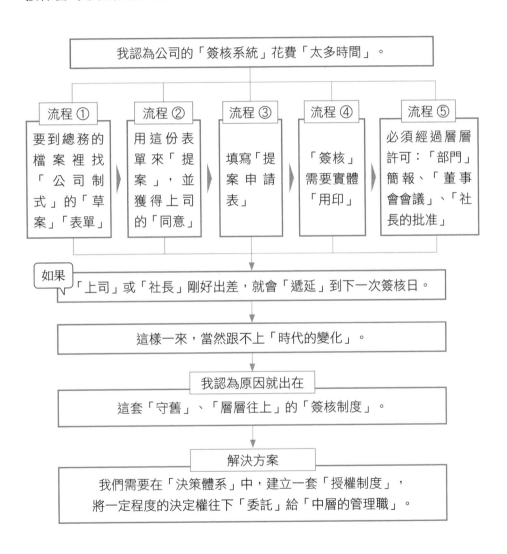

　　重新審視整體，整理時把認為不需要或優先順位較低的方框，從主要框架刪除，或者換成簡單的表達方式。

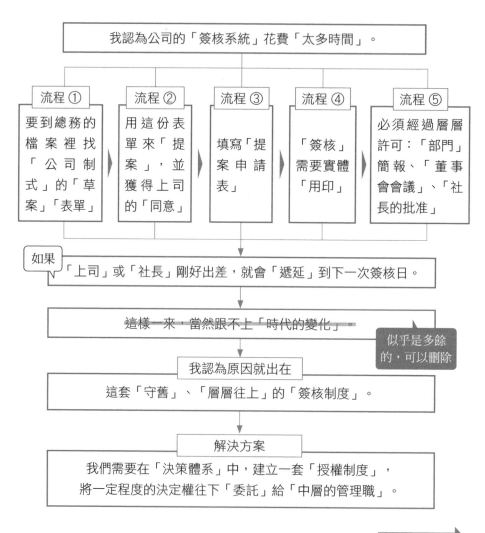

我認為公司的「簽核系統」花費「太多時間」。

| 流程① | 流程② | 流程③ | 流程④ | 流程⑤ |
|---|---|---|---|---|
| 要到總務的檔案裡找「公司制式」的「草案」「表單」 | 用這份表單來「提案」，並獲得上司的「同意」 | 填寫「提案申請表」 | 「簽核」需要實體「用印」 | 必須經過層層許可：「部門」簡報、「董事會會議」、「社長的批准」 |

如果「上司」或「社長」剛好出差，就會「遞延」到下一次簽核日。

這樣一來，當然跟不上「時代的變化」。

似乎是多餘的，可以刪除

我認為原因就出在

這套「守舊」、「層層往上」的「簽核制度」。

解決方案

我們需要在「決策體系」中，建立一套「授權制度」，將一定程度的決定權往下「委託」給「中層的管理職」。

繼續轉換

● 組合圖表完成

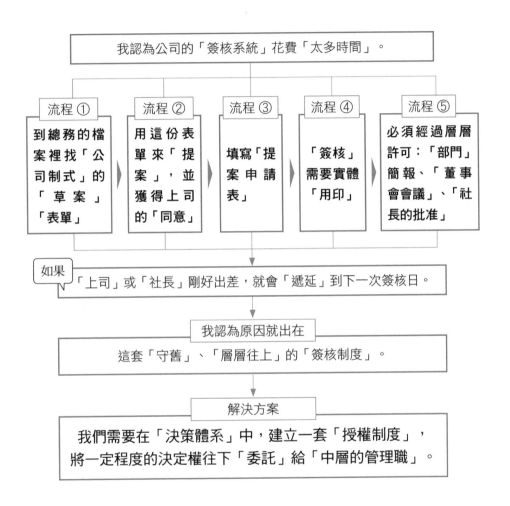

我認為公司的「簽核系統」花費「太多時間」。

| 流程① | 流程② | 流程③ | 流程④ | 流程⑤ |
|---|---|---|---|---|
| 到總務的檔案裡找「公司制式」的「草案」「表單」 | 用這份表單來「提案」，並獲得上司的「同意」 | 填寫「提案申請表」 | 「簽核」需要實體「用印」 | 必須經過層層許可：「部門」簡報、「董事會會議」、「社長的批准」 |

如果 「上司」或「社長」剛好出差，就會「遞延」到下一次簽核日。

我認為原因就出在

這套「守舊」、「層層往上」的「簽核制度」。

解決方案

我們需要在「決策體系」中，建立一套「授權制度」，將一定程度的決定權往下「委託」給「中層的管理職」。

也可以根據個人需要，改成更簡單的表達方式。

# 在公司引進自由時間的提案

**1** 把想法寫成文章

試著把腦中的想法寫成文章。這裡將使用以下文字為例。

工作時經常有注意力不集中的現象。要從早到傍晚都維持專注地辦公工作，確實是幾乎不可能的事。

一旦打瞌睡或發呆，生產力就會明顯下降。雖然明白這些道理，但現實也是依然故我地度過每一天。

我認為解決辦法的關鍵是轉換心情和運動。

我的解決點子是在午後引進自由時間，可以睡個午覺，也可以出去看電影，或在健身房健身。

引進這樣的制度，每週一天在公司試辦如何？

● （例）我想到一個提昇公司生產力的策略

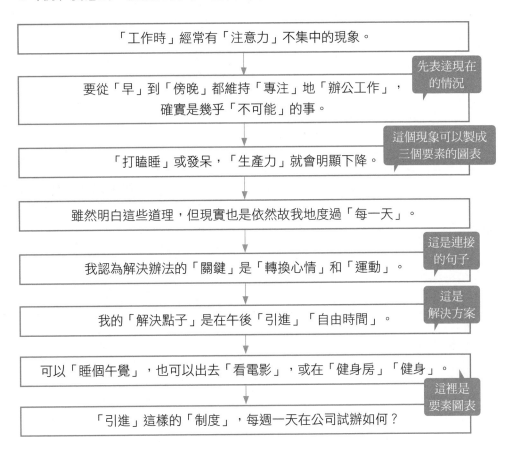

「工作時」經常有「注意力」不集中的現象。

先表達現在
的情況

要從「早」到「傍晚」都維持「專注」地「辦公工作」，
確實是幾乎「不可能」的事。

這個現象可以製成
三個要素的圖表

「打瞌睡」或發呆，「生產力」就會明顯下降。

雖然明白這些道理，但現實也是依然故我地度過「每一天」。

這是連接
的句子

我認為解決辦法的「關鍵」是「轉換心情」和「運動」。

這是
解決方案

我的「解決點子」是在午後「引進」「自由時間」。

可以「睡個午覺」，也可以出去「看電影」，或在「健身房」「健身」。

這裡是
要素圖表

「引進」這樣的「制度」，每週一天在公司試辦如何？

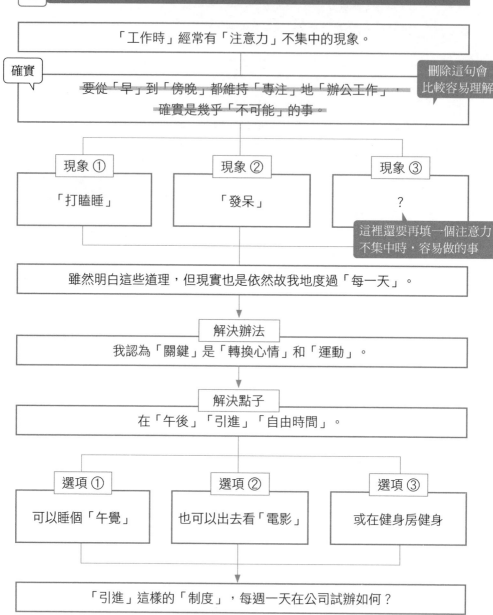

STEP
3　根據目標轉換圖表

「工作時」經常有「注意力」不集中的現象。

確實

要從「早」到「傍晚」都維持「專注」地「辦公工作」，
確實是幾乎「不可能」的事。

刪除這句會
比較容易理解

現象 ①

「打瞌睡」

現象 ②

「發呆」

現象 ③

？

這裡還要再填一個注意力
不集中時，容易做的事

雖然明白這些道理，但現實也是依然故我地度過「每一天」。

解決辦法
我認為「關鍵」是「轉換心情」和「運動」。

解決點子
在「午後」「引進」「自由時間」。

選項 ①

可以睡個「午覺」

選項 ②

也可以出去看「電影」

選項 ③

或在健身房健身

「引進」這樣的「制度」，每週一天在公司試辦如何？

繼續轉換

「工作時」經常有「注意力」不集中的現象。

現象 ①
「打瞌睡」

現象 ②
「發呆」

現象 ③
「滑手機」

填進滑手機

雖然明白這些道理，但現實也是依然故我地度過「每一天」。

解決辦法
我認為「關鍵」是「轉換心情」和「運動」。

解決點子
在「午後」「引進」「自由時間」。

選項 ①
可以睡個「午覺」

選項 ②
也可以出去看「電影」

選項 ③
或在健身房健身

「引進」這樣的「制度」，每週一天在公司試辦如何？

👍 Check

**如果主要框架尚未填滿，很有可能是因為用來說服的要素不足，**
**請試著再進一步思考。**

「工作時」經常有「注意力」不集中的現象。

現象①
「打瞌睡」

現象②
「發呆」

現象③
「滑手機」

雖然明白這些道理，但現實也是依然故我地度過「每一天」。

這句是多餘的，可以從圖表刪除

解決辦法
我認為「關鍵」是「轉換心情」和「運動」。

解決點子
在「午後」「引進」「自由時間」。

選項①
可以睡個「午覺」

選項②
也可以出去看「電影」

選項③
或在健身房健身

「引進」這樣的「制度」，每週一天在公司試辦如何？

可以進一步思考框中的文字是否能更簡潔。

繼續轉換

● 組合圖表完成

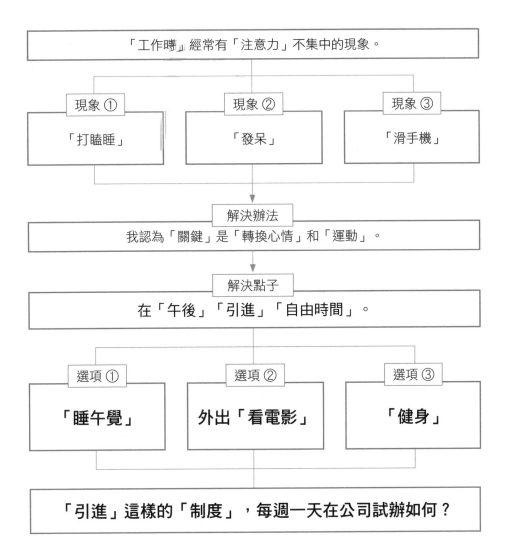

「工作時」經常有「注意力」不集中的現象。

現象 ①
「打瞌睡」

現象 ②
「發呆」

現象 ③
「滑手機」

解決辦法
我認為「關鍵」是「轉換心情」和「運動」。

解決點子
在「午後」「引進」「自由時間」。

選項 ①
「睡午覺」

選項 ②
外出「看電影」

選項 ③
「健身」

「引進」這樣的「制度」，每週一天在公司試辦如何？

---範例 3---

# 向上級提議新的經營策略

STEP
**1** 把想法寫成文章

試著把腦中的想法寫成文章。這裡將使用以下文字為例。

想要一次達成兩個目標而失敗，不管在哪裡都會發生。

以經營方針來說，「擴大市場占有率」和「提高利潤率」之間，有時會發生衝突。追求增加客戶數量和訂單數量，以擴大市場占有率，也會導致低利潤率的訂單增加，通常會讓公司整體的獲利能力下降。另一方面，若試圖提高利潤率，就必須仔細審查客戶或案件，因此另一個目標「擴大市場占有率」就難以實現。這就是魚與熊掌不可兼得的道理。

那應該怎麼做？世界的潮流是 IFRS（International Financial Reporting Standards，指國際會計準則），也就是把焦點放在利潤。我們公司也應該專注於提高利潤率。

● （例）我想到了一個可以轉變公司的經營方針，以提高利潤率的戰略

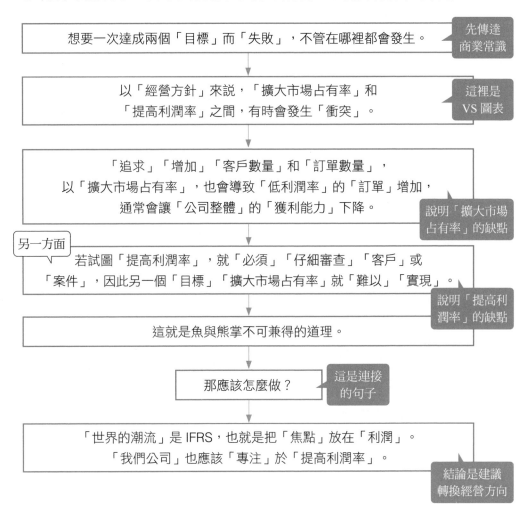

想要一次達成兩個「目標」而「失敗」，不管在哪裡都會發生。

> 先傳達
> 商業常識

以「經營方針」來說，「擴大市場占有率」和
「提高利潤率」之間，有時會發生「衝突」。

> 這裡是
> VS 圖表

「追求」「增加」「客戶數量」和「訂單數量」，
以「擴大市場占有率」，也會導致「低利潤率」的「訂單」增加，
通常會讓「公司整體」的「獲利能力」下降。

> 說明「擴大市場
> 占有率」的缺點

另一方面

若試圖「提高利潤率」，就「必須」「仔細審查」「客戶」或
「案件」，因此另一個「目標」「擴大市場占有率」就「難以」「實現」。

> 說明「提高利
> 潤率」的缺點

這就是魚與熊掌不可兼得的道理。

那應該怎麼做？

> 這是連接
> 的句子

「世界的潮流」是 IFRS，也就是把「焦點」放在「利潤」。
「我們公司」也應該「專注」於「提高利潤率」。

> 結論是建議
> 轉換經營方向

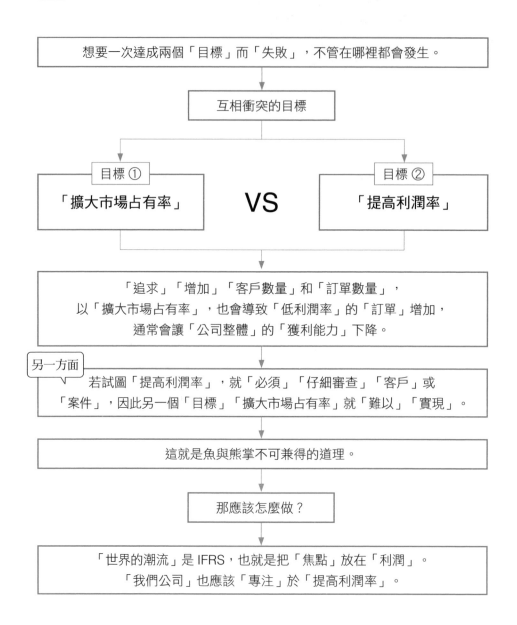

想要一次達成兩個「目標」而「失敗」，不管在哪裡都會發生。

互相衝突的目標

目標①
「擴大市場占有率」

VS

目標②
「提高利潤率」

「追求」「增加」「客戶數量」和「訂單數量」，
以「擴大市場占有率」，也會導致「低利潤率」的「訂單」增加，
通常會讓「公司整體」的「獲利能力」下降。

另一方面
若試圖「提高利潤率」，就「必須」「仔細審查」「客戶」或
「案件」，因此另一個「目標」「擴大市場占有率」就「難以」「實現」。

這就是魚與熊掌不可兼得的道理。

那應該怎麼做？

「世界的潮流」是 IFRS，也就是把「焦點」放在「利潤」。
「我們公司」也應該「專注」於「提高利潤率」。

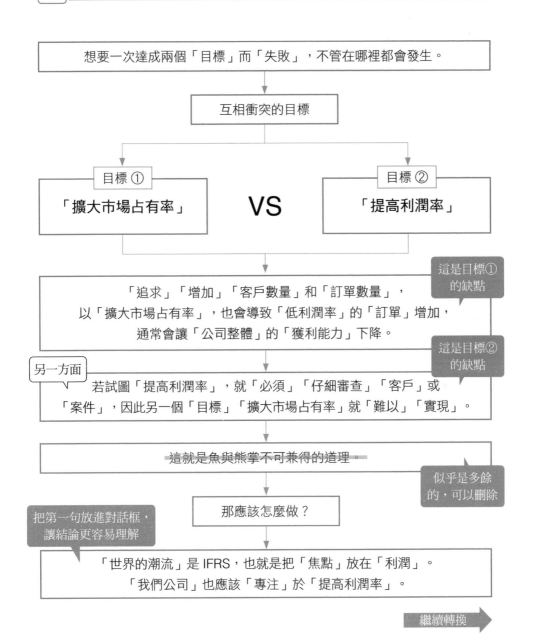

想要一次達成兩個「目標」而「失敗」，不管在哪裡都會發生。

互相衝突的目標

目標 ①
「擴大市場占有率」

VS

目標 ②
「提高利潤率」

這是目標①
的缺點

「追求」「增加」「客戶數量」和「訂單數量」，
以「擴大市場占有率」，也會導致「低利潤率」的「訂單」增加，
通常會讓「公司整體」的「獲利能力」下降。

這是目標②
的缺點

另一方面

若試圖「提高利潤率」，就「必須」「仔細審查」「客戶」或
「案件」，因此另一個「目標」「擴大市場占有率」就「難以」「實現」。

這就是魚與熊掌不可兼得的道理。

似乎是多餘
的，可以刪除

那應該怎麼做？

把第一句放進對話框，
讓結論更容易理解

「世界的潮流」是 IFRS，也就是把「焦點」放在「利潤」。
「我們公司」也應該「專注」於「提高利潤率」。

繼續轉換

● 組合圖表完成

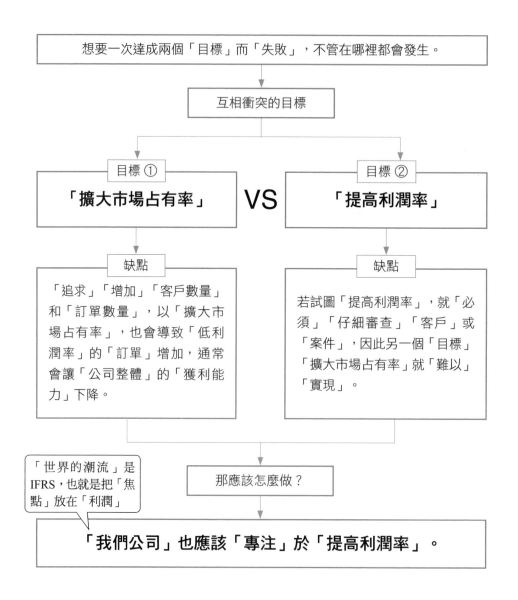

想要一次達成兩個「目標」而「失敗」，不管在哪裡都會發生。

↓

互相衝突的目標

目標 ①

**「擴大市場占有率」** VS

目標 ②

**「提高利潤率」**

缺點

「追求」「增加」「客戶數量」和「訂單數量」，以「擴大市場占有率」，也會導致「低利潤率」的「訂單」增加，通常會讓「公司整體」的「獲利能力」下降。

缺點

若試圖「提高利潤率」，就「必須」「仔細審查」「客戶」或「案件」，因此另一個「目標」「擴大市場占有率」就「難以」「實現」。

那應該怎麼做？

「世界的潮流」是IFRS，也就是把「焦點」放在「利潤」

**「我們公司」也應該「專注」於「提高利潤率」。**

你覺得怎麼樣？

以上列舉了具體的例子，你也對於製作自己的資料有概念了嗎？

把七圖運用自如的最大秘訣，開門見山來說，就是「反覆練習」。

請反覆把聽到的內容圖表化、把腦海中浮現的思考內容圖表化，目標是成為「讓人說 YES 的資料」製作達人。

## 讓你輕鬆做出七圖的 10 個寫文原則

① 不要寫詩
> ▶ 寫商務文章
> ▶ 請寫成「論點→爭議點→
> 課題 · 原因→解決方案」
> 的文章

② 根據想傳達的對象去設計
> ▶ 請研究上下文的設計
> ▶ 「結論」→「原因」
> ▶ 「原因」→「結論」

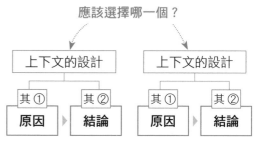

③ 減少文字量
> ▶ 每格最多 50 個字

④ 使用簡單有力的表達方式
> ▶ 要把優劣寫清楚

⑤ 把事實和解讀分開
> ▶ 要分清楚客觀事實和主觀
> 解讀

客觀 ⟨ 主觀

⑥ 不要重複相同的詞彙
  ▶ 連續重複相同詞彙會降低讀者的注意力

⑦ 別使用難懂的艱澀字、成語或修辭
  ▶ 使用日常用語

⑧ 比起「新增」，更要注意的是「刪除」
  ▶ 刪除重複表達的部分
  ▶ 仔細修改迂迴的表達方式
  ▶ 把雙重否定改成肯定
  ▶ 每句最多只留一個比喻
  ▶ 大膽刪除「只有自己覺得有趣的題外話」

⑨ 確保「一句一意」
  ▶ 如果一句話不只有一個意思，就很難讓
    人理解

⑩ 用詞不要拐彎抹角
  ▶ 把想說的話直截了當表達出來

# 練習題 II

　　如同第二章中所述,使用七圖的祕訣是「熟能生巧」,總之要動手練習。這樣一來,即使沒有準備文章,需要突然從句子圖表開始寫作的時候,也難不倒你。

　　希望大家能早日掌握七圖的用法。因此,這裡也準備了一些練習問題。同樣的,後面的解答範例僅供參考。畢竟,我認為各位不會針對同一個主題,寫出和我完全一樣的文章。但是,當你練習不順的時候,可以參考範例所使用的圖表,或是參考我組織架構的方式。

問題 **1**

你是一家 IT 系統公司的企劃，請嘗試開發一項新業務，並寫成提案書。

MEMO

請嘗試自由書寫句子圖表，或是先寫成文章也可以。

## 1 把想法寫成文章

　　最近，有一家計程車公司的派車系統相當引人關注。

　　全國有眾多的小型計程車企業，他們沒有充裕的資金和人力引進大供應商的派車系統，通常只擁有少量的計程車。

　　於是，有家提供雲端派車系統的新創企業應運而生，他們以價格合理的成本提供更新和定期訂購服務，而且服務不只有派車，還推出新的功能，有助於增加司機的收入。這證明了即使在為了單家公司開發而無利可圖的 B2B 市場，若能擴大為全國提供派車系統，這生意也做得成。

　　我希望把這個架構橫向擴展到我們公司。換句話說，在全國的 B2B 市場開發一種服務，為最小規模的特定產業企業群，提供解決「某個問題」的雲端基礎設施。舉例來說，我們可以向小規模寺廟的住持提案，開發施主的墳墓代理清潔或參拜的雲端服務系統。

最近，有一家「計程車公司」的「派車系統」相當引人關注。

全國有眾多的「小型計程車企業」，他們沒有充裕的資金和人力引進
「大供應商」的「派車系統」，通常只擁有少量的計程車。

於是

有家提供「雲端」「派車系統」的「新創企業」應運而生。

他們以「價格合理」的成本提供「更新」和「定期訂購」服務。

而且

服務不只有派車，它還推出新的功能，有助於增加司機的收入。

這證明了

即使在為了單家公司開發而無利可圖的「B2B 市場」，
若能擴大為全國提供派車系統，這生意也做得成。

可以刪除

我希望把這個架構橫向擴展到我們公司

換句話說

在全國的 B2B 市場開發一種服務，為最小規模的特定產業企業群
提供解決「某個問題」的雲端基礎設施。

舉例來說

我們可以向小規模寺廟的住持提案，
開發施主的墳墓「代理清潔」或「參拜」的「雲端服務系統」。

最近，有一家「計程車公司」的「派車系統」相當引人關注。

全國有眾多的「小型計程車企業」，他們沒有充裕的資金和人力引進
「大供應商」的「派車系統」，通常只擁有少量的計程車。

於是

有家提供「雲端」「派車系統」的「新創企業」應運而生。

他們以「價格合理」的成本提供「更新」和「定期訂購」服務。

而且

服務不只有派車，它還推出新的功能，有助於增加司機的收入。

這證明了

即使在為了單家公司開發而無利可圖的「B2B 市場」，
若能擴大為全國提供派車系統，這生意也做得成。

換句話說

在全國的 B2B 市場開發一種服務，為最小規模的特定產業企業群
提供解決「某個問題」的雲端基礎設施。

舉例來說

我們可以向小規模寺廟的住持提案，
開發施主的墳墓「代理清潔」或「參拜」的「雲端服務系統」。

　　這次讓我們只把文章改成句子圖表。即使只這麼做，也會比單純的
文章容易理解。

問題 **2**

請嘗試為自家公司的「數位轉型」（DX）策略寫提案書。

────── MEMO ──────

請嘗試自由書寫句子圖表，或是先寫成文章也可以。

解答範例

致力於 DX 的意思，就是脫胎換骨成以資訊為基礎的組織。

你希望活用數位科技達成什麼？我認為可以減少現在的間接成本三成、提高每位業務員的銷售額五成，以及活用數位科技獲取新客戶，節省四成的人力資源。我認為設定這類的預期成果（KPI）是一項重要課題。

而且當我們開始運用數位科技，必須有一種機制，讓系統更新時，從最高管理層到客戶，都能共享相同的資訊。這是我們公司該負責的範圍，必須向 IT 供應商傳達正確的優化方向。為此，我認為重要的是把資訊的趨勢可視化，並根據這個趨勢進行事業營運，以應付時代的變化。

換句話說，引進 DX 時，要設定應達成的預期成果（KPI）。此外，在運用 DX 時，要建立能夠靈活傳達第一線要求的機制。這是許多公司經常忽略的環節。

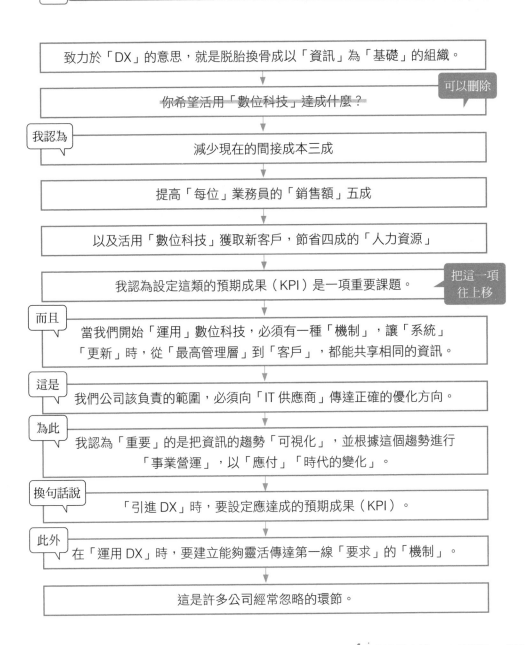

致力於「DX」的意思，就是脫胎換骨成以「資訊」為「基礎」的組織。

你希望活用「數位科技」達成什麼？ 可以刪除

我認為 減少現在的間接成本三成

提高「每位」業務員的「銷售額」五成

以及活用「數位科技」獲取新客戶，節省四成的「人力資源」

我認為設定這類的預期成果（KPI）是一項重要課題。 把這一項往上移

而且 當我們開始「運用」數位科技，必須有一種「機制」，讓「系統」「更新」時，從「最高管理層」到「客戶」，都能共享相同的資訊。

這是 我們公司該負責的範圍，必須向「IT 供應商」傳達正確的優化方向。

為此 我認為「重要」的是把資訊的趨勢「可視化」，並根據這個趨勢進行「事業營運」，以「應付」「時代的變化」。

換句話說 「引進 DX」時，要設定應達成的預期成果（KPI）。

此外 在「運用 DX」時，要建立能夠靈活傳達第一線「要求」的「機制」。

這是許多公司經常忽略的環節。

致力於「DX」的意思，就是脫胎換骨成以「資訊」為「基礎」的組織

↓

「設定」「預期成果（KPI）」對於「引進 DX」來說很「重要」

**預期成果 ①**

減少「三成」現在的「間接成本」

**預期成果 ②**

提高「五成」「每位」業務員的「銷售額」

**預期成果 ③**

省下「四成」「獲取新客戶」所需的「人力資源」

**而且**

當我們開始「運用」數位科技，必須有一種「機制」，讓「系統」「更新」時，從「最高管理層」到「客戶」，都能共享相同的資訊。

**這是**

**備註 ①**

我們公司「該負責的範圍」，所以必須向 IT 供應商傳達正確的「優化」方向

**備註 ②**

**為此**

我認為重要的是把資訊的趨勢「可視化」，並根據這個趨勢進行「事業營運」，以「應付」「時代的變化」

**提案 ①**

「引進 DX」時，要「設定」應達成的「預期成果（KPI）」

**提案 ②**

在「運用 DX」時，要建立能夠靈活傳達「第一線要求」的「機制」

這是許多公司經常忽略的環節

問題 **3**

請思考自己理想中的「上司形象」，並嘗試用文字、圖表來表達。

── MEMO ──

請嘗試自由書寫句子圖表，或是先寫成文章也可以。

　　這裡我們稍微改變做法，嘗試和之前不一樣的流程。在**轉換成句子圖表之前，先整理文章**，會讓圖表化更有效率。

**把想法寫成文章**

　　我認為理想的上司具備三個條件：

　　第一是在工作中能夠受人尊敬。也就是擁有廣闊的眼界和多方位的觀點。而且始終如一，能夠領導大家朝同一方向前進。

　　第二是協助部下成長。首先他會找到部下的長處並表揚。然後懂得根據部下的技能和經驗，分配適合的工作。

　　第三是擅長溝通。重要的是上司會營造輕鬆交談的氣氛，而且會仔細聽自己的意見。

　　最重要的是，理想的上司很有責任感，因此樂於把部下的成長當成是自己的成長。

如果可以在轉成句子圖表之前，把文章轉成條列式陳述，就能更方便地填進圖表中。

如下所述：

- 我認為理想的上司具備三個條件
- 在工作中受人尊敬
  - ➡ 擁有廣闊的眼界和多方位的觀點
  - ➡ 始終如一，能夠領導大家朝同一方向前進
- 協助部下成長
  - ➡ 找到部下的長處並表揚
  - ➡ 懂得根據部下的技能和經驗，分配適合的工作
- 擅長溝通
  - ➡ 營造輕鬆交談的氣氛
  - ➡ 願意聽部下的意見
- 最重要的是，理想的上司很有責任感，因此樂於把部下的成長當成是自己的成長

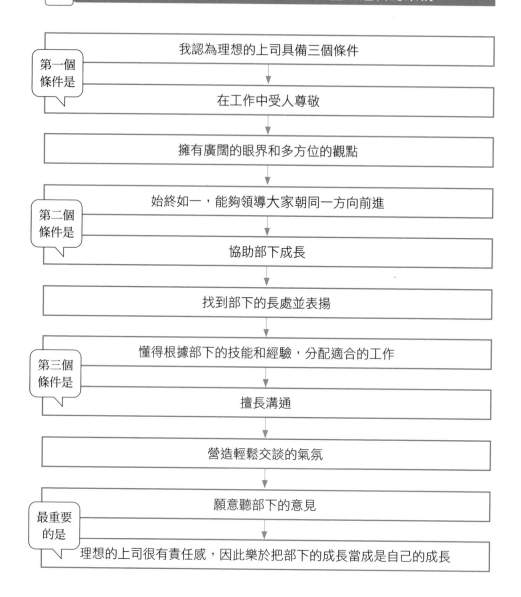

我認為理想的上司具備三個條件

第一個
條件是

在工作中受人尊敬

擁有廣闊的眼界和多方位的觀點

始終如一，能夠領導大家朝同一方向前進

第二個
條件是

協助部下成長

找到部下的長處並表揚

懂得根據部下的技能和經驗，分配適合的工作

第三個
條件是

擅長溝通

營造輕鬆交談的氣氛

願意聽部下的意見

最重要
的是

理想的上司很有責任感，因此樂於把部下的成長當成是自己的成長

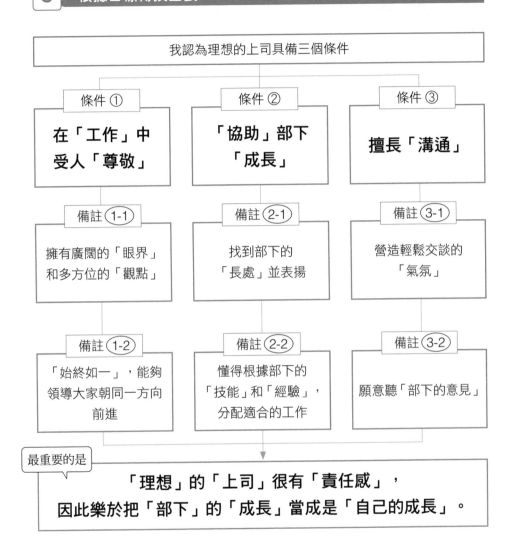

我認為理想的上司具備三個條件

條件 ①
**在「工作」中受人「尊敬」**

條件 ②
**「協助」部下「成長」**

條件 ③
**擅長「溝通」**

備註 (1-1)
擁有廣闊的「眼界」和多方位的「觀點」

備註 (2-1)
找到部下的「長處」並表揚

備註 (3-1)
營造輕鬆交談的「氣氛」

備註 (1-2)
「始終如一」，能夠領導大家朝同一方向前進

備註 (2-2)
懂得根據部下的「技能」和「經驗」，分配適合的工作

備註 (3-2)
願意聽「部下的意見」

最重要的是

**「理想」的「上司」很有「責任感」，因此樂於把「部下」的「成長」當成是「自己的成長」。**

你已經學會熟練使用七圖了嗎？
談過理想的上司之後，
接下來讓我們來想一想理想的部下形象吧！

請思考自己理想中的「部下形象」，並嘗試用文字、圖表來表達。

—— MEMO ——

請嘗試自由書寫句子圖表，或是先寫成文章也可以。

## STEP 1　把想法寫成文章

　　想一想理想的部下要具備什麼條件。

　　首先要符合的條件是，會試圖去理解上司的真心話，或能夠配合上司的行動，扮演二把手的角色。

　　此外，會努力和上司溝通的人、雖處逆境仍不逃避的人，以及表現出成長意願的人，都會是很出色的部下。

　　最重要的是，理想的部下懂得設定自己的目標，並採取實際行動來達成目標。

　　如果要符合更高要求，理想的部下是我希望自己的孩子也能跟著他學習，當他的部下。

想一想「理想」的「部下」要具備什麼條件。

首先

要符合的條件是，「部下」會試圖去理解「上司」的「真心話」，
或能夠配合「上司」的「行動」，扮演二把手的角色。

此外

會努力和上司溝通的人、雖處逆境仍不逃避的人

以及表現出成長意願的人，都會是很出色的部下。

最重要
的是

理想的「部下」懂得設定自己的「目標」，
並採取「實際行動」來達成目標。

我希望「自己」的「孩子」也能跟著他「學習」，「當他的部下」。

如果要符合
更高要求

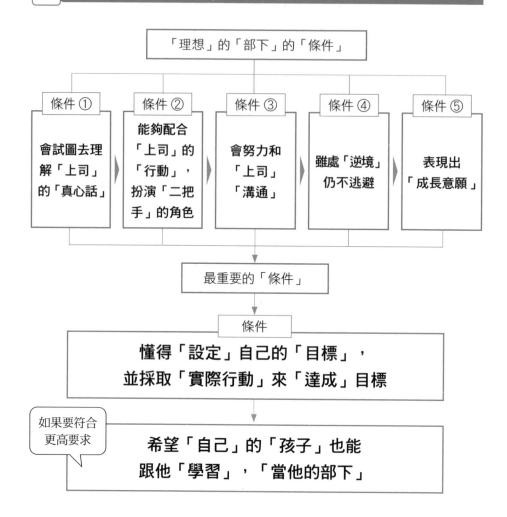

「理想」的「部下」的「條件」

| 條件① | 條件② | 條件③ | 條件④ | 條件⑤ |
|---|---|---|---|---|
| 會試圖去理解「上司」的「真心話」 | 能夠配合「上司」的「行動」，扮演「二把手」的角色 | 會努力和「上司」「溝通」 | 雖處「逆境」仍不逃避 | 表現出「成長意願」 |

最重要的「條件」

條件

懂得「設定」自己的「目標」，
並採取「實際行動」來「達成」目標

如果要符合
更高要求

希望「自己」的「孩子」也能
跟他「學習」，「當他的部下」

問題 **5**

請思考你理想中的「團隊形象」，並嘗試用文字、圖表來表達。

MEMO

請嘗試自由書寫句子圖表，或是先寫成文章也可以。

## 1　把想法寫成文章

我認為理想的團隊兼具目標和執行力。

有明確的目標，所有團隊成員都朝著相同方向前進。

團隊成員有強烈的當事人意識，也會獨立行動。

每位成員都試圖發揮自己的優勢和同事的優勢。

每位成員的角色明確，形成能夠互相支持的環境。

理想的團隊具有信任關係。

重要的是，所有成員都明白良好的人際關係就是生產力。能夠總是維持圓滑的溝通，共享資訊也很重要。而且，所有成員都明白，行動的基礎由成果決定。

我認為「理想」的「團隊」兼具「目標」和「執行力」。

↓

有「明確」的「目標」，「所有團隊成員」都朝著「相同方向」前進。

↓

「團隊成員」有強烈的「當事人意識」，也會「獨立」「行動」。

↓

「每位成員」都試圖「發揮」「自己的優勢」和「同事的優勢」。

↓

「每位成員」的「角色」「明確」，形成能夠互相「支持」的「環境」。

↓

「理想」的「團隊」具有「信任關係」。

↓

「重要」的是，「所有成員」都明白「良好的人際關係」就是「生產力」。

↓

能夠總是維持「圓滑」的「溝通」，「共享」「資訊」也很「重要」。

而且
「所有成員」都「明白」，「行動」的「基礎」由「成果」「決定」。

<br/>

## STEP 3　根據目標轉換圖表

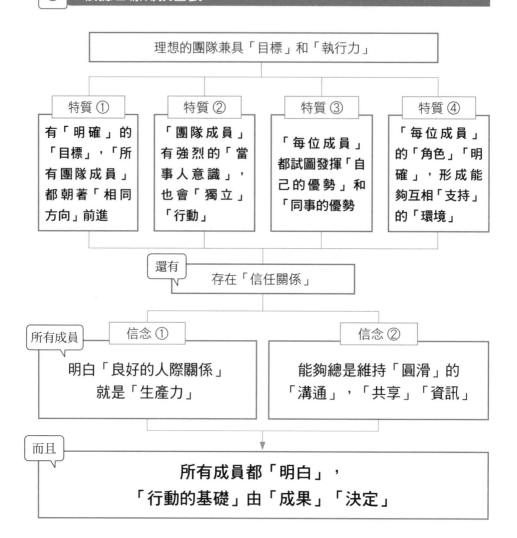

理想的團隊兼具「目標」和「執行力」

**特質 ①**
有「明確」的「目標」，「所有團隊成員」都朝著「相同方向」前進

**特質 ②**
「團隊成員」有強烈的「當事人意識」，也會「獨立」「行動」

**特質 ③**
「每位成員」都試圖發揮「自己的優勢」和「同事的優勢」

**特質 ④**
「每位成員」的「角色」「明確」，形成能夠互相「支持」的「環境」

還有　存在「信任關係」

**信念 ①**　所有成員
明白「良好的人際關係」就是「生產力」

**信念 ②**
能夠總是維持「圓滑」的「溝通」，「共享」「資訊」

而且
所有成員都「明白」，「行動的基礎」由「成果」「決定」

問題 **6**

請思考你理想中的「會議」，並嘗試用文字、圖表來表達。

─────── MEMO ───────

請嘗試自由書寫句子圖表，或是先寫成文章也可以。

解答範例

STEP
## 1　把想法寫成文章

我希望會議不是聲量大的人（上司）的個人秀。

我希望會議要在事前共享目標和討論核心。

此外，我也希望有一種機制，在討論偏離主題時，主持人可以巧妙地拉回主題。這樣有助於整理會議記錄的架構，並盡快和與會者共享。

我希望先在前一天和與會成員共享會議資料和議程，以提高生產力。

事先確認領導人和核心成員現階段的想法也不錯。沒有意見的時候，主持人會問：「例如 A 方案怎麼樣？」我也希望有人能如此陳述假定的意見當作「引子」。

重要的是，與會者都能理解和認同，把會議的目標定義為「決策的場所」。

STEP
## 1-2　進階篇：在填進句子圖表之前，整理文章架構

這次我們來嘗試比問題 3 更進一步，在圖表化之前的文章架構整理。

等到寫習慣以後，就能省去優化句子圖表的工夫了。

如果你能夠在這裡順利建立起文章的架構，或許你就可以立刻開始製作組合圖表。

● **想像會議的流程，並嘗試「編號」排序**

① 會議不是聲量大的人（上司）的個人秀

⑤ 在事前共享目標和討論核心

⑦ 在討論偏離主題時，主持人可以巧妙地拉回主題

⑧ 整理會議記錄的架構，並盡快和與會者共享

③ 先在前一天和與會成員共享會議資料和議程

④ 事先確認領導人和核心成員現階段的想法

⑥ 沒有意見的時候，主持人會問：「例如 A 方案怎麼樣？」陳述假
定的意見當作「引子」

② 與會者都能理解和認同，把會議的目標定義為「決策的場所」

● **依序排列**

① 會議不是聲量大的人（上司）的個人秀

② 與會者都能理解和認同，把會議的目標定義為「決策的場所」

③ 先在前一天和與會成員共享會議資料和議程

④ 事先確認領導人和核心成員現階段的想法

⑤ 在事前共享目標和討論核心

⑥ 沒有意見的時候，主持人會問：「例如 A 方案怎麼樣？」陳述假
定的意見當作「引子」

⑦ 在討論偏離主題時，主持人可以巧妙地拉回主題

⑧ 整理會議記錄的架構，並盡快和與會者共享

● **按照「編號」的順序添加不足的項目**

① 會議不是聲量大的人（上司）的個人秀

② 與會者都能理解和認同，把會議的目標定義為「決策的場所」

▶ （追加）會議的準備很重要

③ 先在前一天和與會成員共享會議資料和議程

④ 事先確認領導人和核心成員現階段的想法

⑤ 在事前共享目標和討論核心

▶ （追加）會議當天的進度很重要

⑥ 沒有意見的時候，主持人會問：「例如 A 方案怎麼樣？」陳述假定的意見當作「引子」

⑦ 在討論偏離主題時，主持人可以巧妙地拉回主題

▶ （追加）後續追蹤很重要

⑧ 整理會議記錄的架構，並盡快和與會者共享

● **整理出包含新項目的理想會議，並系統化**

① 會議不是聲量大的人（上司）的個人秀

② 與會者都能理解和認同，把會議的目標定義為「決策的場所」

③ 做好事前準備

▶ (3-1) 先在前一天和與會成員共享會議資料和議程

▶ (3-2) 事先確認領導人和核心成員現階段的想法

▶ (3-3) 在事前共享目標和討論核心

④ 確實完成當天的進度

▶ (4-1) 沒有意見的時候，主持人問：「例如 A 方案怎麼樣？」陳述假定的意見當作「引子」

　　　　▶ ④-2 在討論偏離主題時，主持人可以巧妙地拉回主題
　　⑤ 會議的後續追蹤
　　　　▶ ⑤-1 整理會議記錄的架構，並盡快和與會者共享

● **把流於情緒化的評論移到最後**
　　① 與會者都能理解和認同，把會議的目標定義為「決策的場所」
　　② 做好事前準備
　　　　▶ ②-1 先在前一天和與會成員共享會議資料和議程
　　　　▶ ②-2 事先確認領導人和核心成員現階段的想法
　　　　▶ ②-3 在事前共享目標和討論核心
　　③ 確實完成當天的進度
　　　　▶ ③-1 沒有意見的時候，主持人問：「例如 A 方案怎麼樣？」
　　　　　　　陳述假定的意見當作「引子」
　　　　▶ ③-2 在討論偏離主題時，主持人可以巧妙地拉回主題
　　④ 會議的後續追蹤
　　　　▶ ④-1 整理會議記錄的架構，並盡快和與會者共享
　　⑤ 會議不是聲量大的人（上司）的個人秀

　　能夠做到這裡，在接下來的 STEP 2 中，只要直接把句子填進圖表
就 OK 了。

①「與會者」都能「理解和認同」，把「會議」的「目標」
「定義」為「決策的場所」

↓

② 做好「事前準備」

先在前一天和「與會成員」「共享」「會議資料」和「議程」

事先「確認」「領導人」和「核心成員」現階段的想法

在事前「共享」「目標」和「討論核心」

↓

③ 確實完成「當天的進度」

沒有「意見」的時候，「主持人」問：「例如 A 方案怎麼樣？」
陳述「假定的意見」當作「引子」

在「討論」偏離主題時，「主持人」可以巧妙地拉回「主題」

↓

④ 會議的「後續追蹤」

整理「會議記錄」的架構，並盡快和「與會者」「共享」

↓

⑤ 會議不是聲量大的人（上司）的「個人秀」

嘗試定義理想的會議……

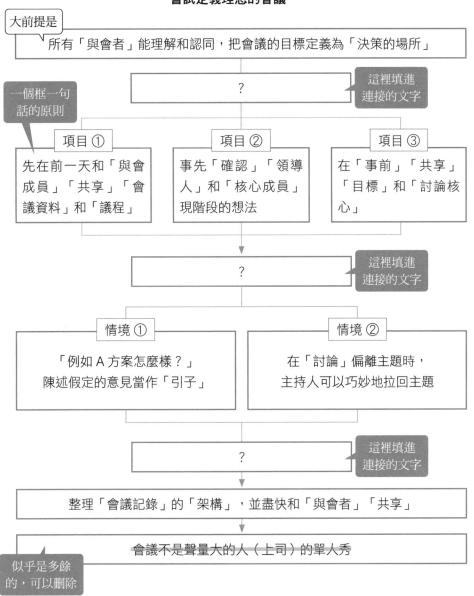

大前提是
所有「與會者」能理解和認同，把會議的目標定義為「決策的場所」

? ←這裡填進連接的文字

一個框一句話的原則

項目①
先在前一天和「與會成員」「共享」「會議資料」和「議程」

項目②
事先「確認」「領導人」和「核心成員」現階段的想法

項目③
在「事前」「共享」「目標」和「討論核心」

? ←這裡填進連接的文字

情境①
「例如 A 方案怎麼樣？」陳述假定的意見當作「引子」

情境②
在「討論」偏離主題時，主持人可以巧妙地拉回主題

? ←這裡填進連接的文字

整理「會議記錄」的「架構」，並盡快和「與會者」「共享」

會議不是聲量大的人（上司）的單人秀

似乎是多餘的，可以刪除

● 完成

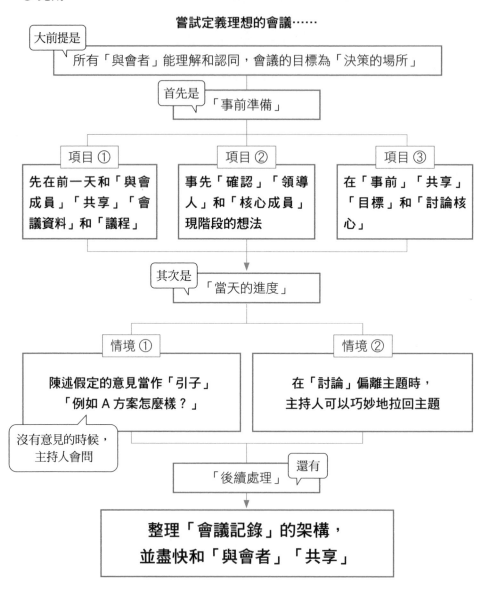

嘗試定義理想的會議⋯⋯

大前提是
所有「與會者」能理解和認同，會議的目標為「決策的場所」

首先是
「事前準備」

項目①
先在前一天和「與會成員」「共享」「會議資料」和「議程」

項目②
事先「確認」「領導人」和「核心成員」現階段的想法

項目③
在「事前」「共享」「目標」和「討論核心」

其次是
「當天的進度」

情境①
陳述假定的意見當作「引子」「例如A方案怎麼樣？」

沒有意見的時候，主持人會問

情境②
在「討論」偏離主題時，主持人可以巧妙地拉回主題

「後續處理」
還有

整理「會議記錄」的架構，並盡快和「與會者」「共享」

終於到最後一題的練習了。加油！

問題 **7**

請思考身為團隊領導者,「最高管理層」和「管理職」之間的理想關係是怎麼樣的,嘗試用文字、圖表來表達。

─ MEMO ─

請嘗試自由書寫句子圖表,或是先寫成文章也可以。

解答範例

**把想法寫成文章**

這次從一開始就嘗試條列式陳述。


**最高管理層的職責——做只有最高管理層才能做的事**

■ 決定組織的任務

■ 設計並維持組織

■ 決定基準（成果、人事、報酬……）

■ 代表組織發言（訴諸社會地位）

■ 公司面臨嚴峻的危機時，會主動積極解決問題


**管理職的職責——以專家的身分為組織貢獻能力**

■ 身為部下為最高管理層做出貢獻

■ 自主思考和行動

■ 迅速察覺第一線的變化

■ 促進最高管理層在第一線做出容易實現成果的決策

■ 力圖轉讓權限或變更計畫

這次在 STEP 1 的階段就有明確的對立結構了,所以不用建立句子圖表,一開始就製成 VS 圖表。

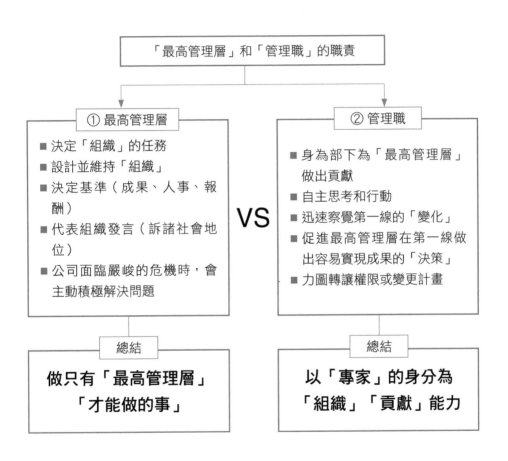

這樣就完成了!

你覺得怎麼樣？

製作「七圖」時，根據一開始的文章架構，有可能像問題 7 一樣，可以立刻圖表化。

本書介紹的作法只是基本方法。製圖時，您可以按照自己習慣的表達方式製作。

# 使用「七圖」的時機 ②

七圖也可以用來統整短暫討論的內容。以下介紹此類場合的一些實例：

● **統整和部下兩人腦力激盪的內容**

1. 兩人坐在白板旁
2. 訓練部下「口頭說說你的想法」
3. 在白板寫下部下說的一切
4. 如果聊了一小時，白板就會寫到黑壓壓一片
5. 圈起說話內容的大區塊
6. 把白板拍照並印出來
7. 用合適的圖表，把寫下的每個意見視覺化
8. 把白板上的訊息改寫成七圖，一張表一個訊息
9. 統整每張圖表中的同類項，就是「第○章」的原型
10. 先整理這些頁面當作初稿
11. 探討不足之處或驗證資料
12. 日後和該部下再次做相同練習，提高完成度

※ 上述是訓練部下的流程，也可以用來在白板寫下自己或上司的想法，然後製作成圖表。

● **統整早上開會的決定事項**

1. 如果決定了四件事，就用「要素圖表」統整
2. 把截止日期和負責人記錄在備註，和所有與會者分享

● **製作七圖時的圖表數量**

　　日常使用七圖時，重要的是很快統整成一張到數張圖表，和相關人士共享資訊。只要有一份七圖，以此為基礎，讀者就可以在下次會議時不斷進行優化。

# 結　語

非常感謝您讀到最後。

正如書中所述，進步的訣竅就是「熟能生巧」。

二十年前我閱讀商業書的時候意識到，「不擅長讀書的人，就是不擅長閱讀理解一篇篇的文章，而且要理解由多篇文章組成的文章脈絡，就更加困難了」。

「那麼，如果可以把數字圖表化，文章應該也可以圖表化才對。」

「如果把文章圖表化，就不用考慮最困難的閱讀理解了，因為文章已經分析出結構。」

「說到底，寫文章的人，本來就是為了向讀者傳達他的本意，讓他們說 YES 才寫的。」

「既然如此，把文章圖表化就是符合目標的合理辦法。」

「好，那就來試試吧。」

於是我就開始著手圖表化。

之後的二十年，我製作出超過兩萬張的 PowerPoint 圖表（請見下頁照片的數量就能明白……）。

當中的五千張是為了理解杜拉克而製作的。我還記得那時聽到翻譯家上田惇生老師的稱讚：「這是一種系統化的全新學習法。」讓我相當高興。

　　製作大概超過一萬張的時候，我開始看出一些像是方法的門道。

　　就在做這些事的同時，剛好有了出版的機緣，讓我有機會把自己做的事重新系統化、文字化、規則化，付梓成為各位讀者手上的這本《終生受用的七張圖表思考法》。

　　最重要的是，我和客戶的最高管理層建立了人脈關係，並透過圖表化的反覆訓練，提高了部下和外部員工的閱讀理解能力，以及企劃發想的技能與知識，很高興在各種不同身分上都有豐收的成果。

　　讀者若能掌握本書的要領，就能成為你的「隨身技能」。我保證這將是讓你終生受用，誰也搶不走的商業武器。


安藤芳樹

這是我製作的圖表一部分，
疊起來高達一百三十公分。

—— 附 錄 ——

# 實際範例

世上有很多企劃書的範本，可是，卻很少出現用來探討事物的圖表，更不用說範本了。因此，這裡為讀者介紹一些我經常用於行銷和業務上的圖表。

由此也能看出「七圖」的用途有多廣。

## ● 設定業務策略的情境

從三個 C 來探討業務策略……

【業務策略的情境】

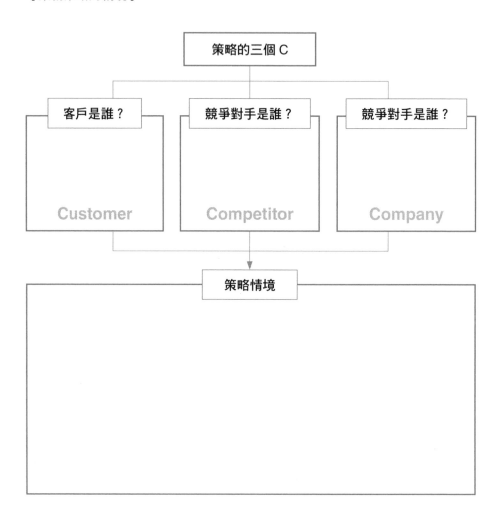

## ● 設定傳播的情境

請設定「行銷傳播」的情境。

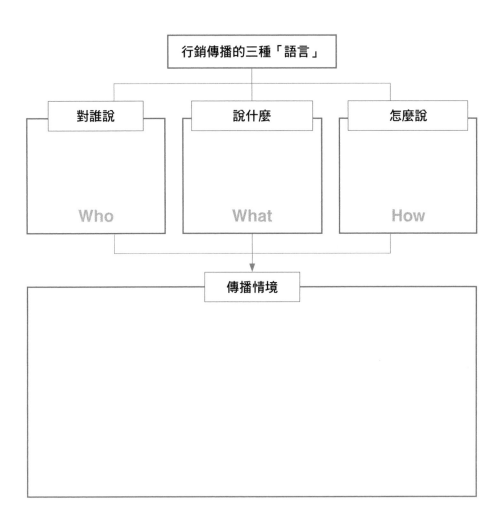

行銷傳播的三種「語言」

| 對誰說 | 說什麼 | 怎麼說 |

Who  What  How

傳播情境

## ● ○○的定義

用「五個提問」來統整○○的「定義」。

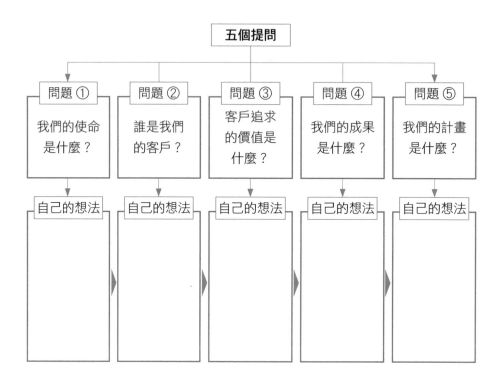

## ● 規劃企劃大綱

| | 6W3H | 概要 | 備註 |
|---|---|---|---|
| ① | WHEN 何時 | | |
| ② | WHERE 何地 | | |
| ③ | WHO 是誰 | | |
| ④ | WHOM 對誰 | | |
| ⑤ | WHAT 做何事 | | |
| ⑥ | WHY 為何 | | |
| ⑦ | HOW 如何做 | | |
| ⑧ | HOW LONG 時間多久 | | |
| ⑨ | HOW MUCH 多少錢 | | |
| | 備註 | | |

● 管理建議書

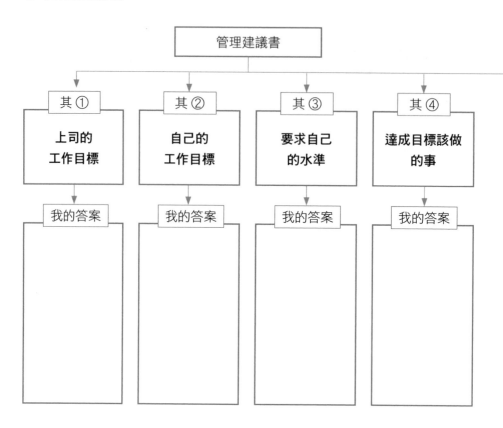

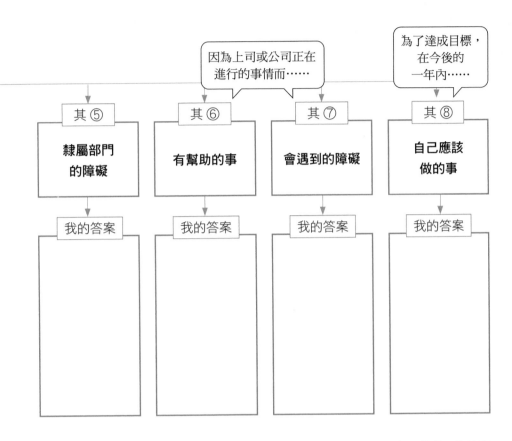

* 參考《彼得 · 杜拉克的管理聖經》（*The Practice of Management*），彼得 · 杜拉克
（Peter F. Drucker）著，齊若蘭譯，遠流，2020

● 主題頁

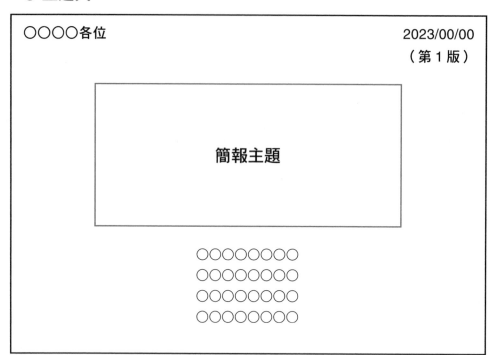

● 結論頁

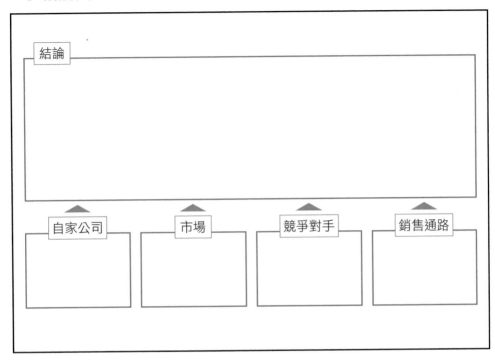

結論

自家公司

市場

競爭對手

銷售通路

● 團隊組織圖

這是○○專案的團隊組織圖。

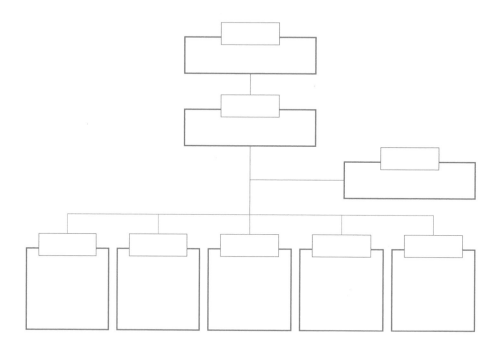

## ● SWOT 交叉分析

| ○○○○<br>VS<br>○○○○ | | 內 部 環 境 | |
|---|---|---|---|
| | | **優勢** | **劣勢** |
| 外部環境 | **機會** | 重點策略<br>1.<br>2.<br>3. | 改善策略<br>1.<br>2.<br>3. |
| | **威脅** | 差異化策略<br>1.<br>2.<br>3. | 防禦、撤退策略<br>1.<br>2.<br>3. |

## ● 品牌建立策略

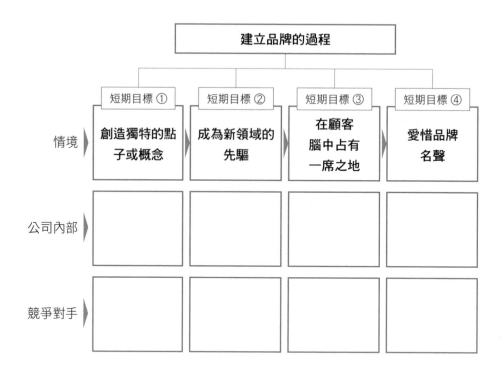

建立品牌的過程

| 短期目標 ① | 短期目標 ② | 短期目標 ③ | 短期目標 ④ |
|---|---|---|---|
| 情境 | 創造獨特的點子或概念 | 成為新領域的先驅 | 在顧客腦中占有一席之地 | 愛惜品牌名聲 |
| 公司內部 | | | | |
| 競爭對手 | | | | |

\* 參考《品牌 22 誡》（*The 22 Immutable Laws of Branding*），艾爾‧賴茲（Al Ries）、蘿拉‧賴茲（Laura Ries）著，劉麗真譯，臉譜，1998

# 參考文獻

- 電腦交通「雲端型計程車派車系統、派車委託服務」
  https://cybertransporters.com/service/

- MynaviNews ／理想的上司，第一名是「受人尊敬」，排行最後一名的是？
  https://news.mynavi.jp/article/20210417-1872717/

- J-Cast 公司 Watch ／讓上司「愛不釋手」的部下具備的 10 個條件
  https://www.j-cast.com/kaisha/2014/11/26221714.html?p=all

- Goalous 部落格／工作中團隊合作的定義和重要性是什麼？改進的五個重點
  https://www.goalous.com/blog/ja/good-team-make/

- TKP 出租會議室網／開會的有用資訊
  https://www.kashikaigishitsu.net/contents/005/page1.html

- 《一看就懂！圖解 1 小時讀懂杜拉克》（*図解ドラッカー入門*），森岡謙仁著，朱麗真譯，商周出版，2021.08

- 《漫畫圖解杜拉克領導論》（*まんがと図解でわかるドラッカーリーダーシップ論*，暫譯），藤屋伸二監修，寶島社，2011.04

- 《存活的本事》（*Peter Drucker's Five Most Important Questions*），彼得・杜拉克（Peter F. Drucker）、法蘭西斯・賀賽蘋（Frances Hesselbein）、瓊安・史奈德・庫爾（Joan Snyder Kuhl）著，陳筱宛譯，臉譜，2017.05

※ 關於引用文獻，已在文中明列出處。

翻轉學 翻轉學系列 111

# 終身受用的七張圖表思考法
### 3個步驟 X 7 種思考框架，讓你開會簡報、企劃提案、解決問題無往不利
チャートで考えればうまくいく 一生役立つ「構造化思考」養成講座

| | | |
|---|---|---|
| 作 者 | 安藤芳樹 | |
| 譯 者 | 陳冠貴 | |
| 封 面 設 計 | 張天薪 | |
| 內 頁 排 版 | theBAND・變設計— Ada | |
| 責 任 編 輯 | 洪尚鈴 | |
| 行 銷 企 劃 | 蔡雨庭・黃安汝 | |
| 出版一部總編輯 | 紀欣怡 | |

| | |
|---|---|
| 出 版 者 | 采實文化事業股份有限公司 |
| 業 務 發 行 | 張世明・林踏欣・林坤蓉・王貞玉 |
| 國 際 版 權 | 鄒欣穎・施維真・王盈潔 |
| 印 務 採 購 | 曾玉霞 |
| 會 計 行 政 | 李韶婉・許俶瑀・張婕莛 |
| 法 律 顧 問 | 第一國際法律事務所　余淑杏律師 |
| 電 子 信 箱 | acme@acmebook.com.tw |
| 采 實 官 網 | www.acmebook.com.tw |
| 采 實 臉 書 | www.facebook.com/acmebook01 |

| | |
|---|---|
| I S B N | 978-626-349-201-1 |
| 定 價 | 420 元 |
| 初 版 一 刷 | 2023 年 4 月 |
| 劃 撥 帳 號 | 50148859 |
| 劃 撥 戶 名 | 采實文化事業股份有限公司 |
| | 104 台北市中山區南京東路二段 95 號 9 樓 |
| | 電話：(02)2511-9798　傳真：(02)2571-3298 |

國家圖書館出版品預行編目 (CIP) 資料

終身受用的七張圖表思考法：3個步驟X7種思考框架，
讓你開會簡報、企劃提案、解決問題無往不利 /
安藤芳樹著；陳冠貴譯 .-- 初版 .-- 臺北市：
采實文化事業股份有限公司，2023.04
　面；　公分 .-- ( 翻轉學系列；111)
譯自：チャートで考えればうまくいく：
一生役立つ「構造化思考」養成講座
ISBN 978-626-349-201-1( 平裝 )

1.CST: 職場成功法 2.CST: 圖表 3.CST: 思考

494.35　　　　　　　　　　　　112001890

チャートで考えればうまくいく 一生役立つ
「構造化思考」養成講座
CHART DE KANGAEREBA UMAKUIKU ISSHO
YAKUDATSU 「KOZOKA SHIKO」
Copyright ©2021 by Yoshiki Ando
All rights reserved.
Originally published in Japan in 2021 by Discover 21, Inc.,
Tokyo
Traditional Chinese translation rights arranged with Discover
21, Inc., Tokyo
through Keio Cultural Enterprise Co., Ltd., New Taipei City.

翻轉學

翻轉學